高等职业院校技能型人才培养新形态立体化教材
职业教育校企合作双元开发"互联网+"创新型教材

机械制图习题集

主编 陈世芳 罗 武

西南交通大学出版社
·成 都·

图书在版编目（CIP）数据

机械制图：含习题集：AR智媒体版.2，机械制图习题集/陈世芳，罗武主编. —成都：西南交通大学出版社，2021.8（2025.7重印）

职业教育校企合作双元开发"互联网+"创新型教材

高等职业院校技能型人才培养"十四五"新形态立体化教材

ISBN 978-7-5643-8149-3

Ⅰ.①机… Ⅱ.①陈… ②罗… Ⅲ.①机械制图—高等职业教育—习题集 Ⅳ.①TH126-44

中国版本图书馆CIP数据核字（2021）第147774号

前　言

本习题集为陈世芳、罗武主编《机械制图（含习题集）（AR智媒体版）》的配套习题集，内容与教材完全一致。

本习题集根据高等职业院校机械类专业就业岗位群对应的职业能力的要求，按"1+X 机械工程制图职业技能等级证书"的标准要求编写，以推进产教深度融合，培养高层次人才为主要目标进行编写，重点放在学生看图能力、手工绘图、计算机绘图能力的培养。

本习题集具有如下特点：

（1）在选题时主要依据教材上的例题，尽量选择具有典型性、代表性的习题。题型新颖多样，题量和难度适中，题量主要与所应掌握的内容有关，越是重要的内容习题越多。每章节习题基本上按从易到难的顺序进行编排，供学生选用。

（2）包含了教材中手工绘图和计算机绘图的相关练习，另外还配有一定量徒手绘图练习。为了方便学生用计算机完成部分作业，提供了配套的.dwg文件供学习者和教师下载。

（3）基于互联网+模式进行编写，提供了所有立体模型和参考答案，只需扫码即可获得。

（4）采用最新的国家标准，图形清晰标准。

本习题集主要适用于高等职业技术院校、高等专科学校及成人高等院校机械类或近机械类各专业的机械制图学习，机械工程制图职业技能培训、考核与评价，相关用人单位的人员聘用、培训与考核也可参考使用。

限于编者水平有限，本习题集难免存在错漏之处，恳请读者批评指定。

编　者

2021 年 5 月

习题解答

习题资源

目 录

项目一　手工绘制机械图样 …………………………………………………………… 1

项目二　计算机绘制平面图形 ………………………………………………………… 6

项目三　绘制简单形体的三视图 ……………………………………………………… 12

项目四　绘制基本体及其表面交线 …………………………………………………… 21

项目五　绘制和识读组合体的三视图 ………………………………………………… 29

项目六　选择机件的表达方案 ………………………………………………………… 37

项目七　认识标准件和常用件 ………………………………………………………… 57

项目八　绘制和识读零件图 …………………………………………………………… 65

项目九　绘制和识读装配图 …………………………………………………………… 79

参考文献 ………………………………………………………………………………… 89

项目一 手工绘制机械图样

训练一：写长仿宋字

按照长仿宋字的要求，练习书写下面的仿宋字，用HB铅笔书写，填满方格，不能连笔，注意起落。

横平竖直字体端正笔画清楚排列整齐均匀

倒角圆角技术要求未注公差锥销孔配作热处理锐边倒棱

A B C D E F G H I J K L M N O P Q R S T U V W X Y

Z a b c d e f g h i j k m n o p q r s t u v w ø

班级_____ 姓名_____ 学号_____

项目一 手工绘制机械图样

训练二：线型练习

注意：各种线型的画法，粗实线的宽度是细线的两倍，必须先画底稿再加粗。右上方为一系列正方形，要保证图形的方正；左下方的剖面线为45°方向的线，尽可能间隔均匀。

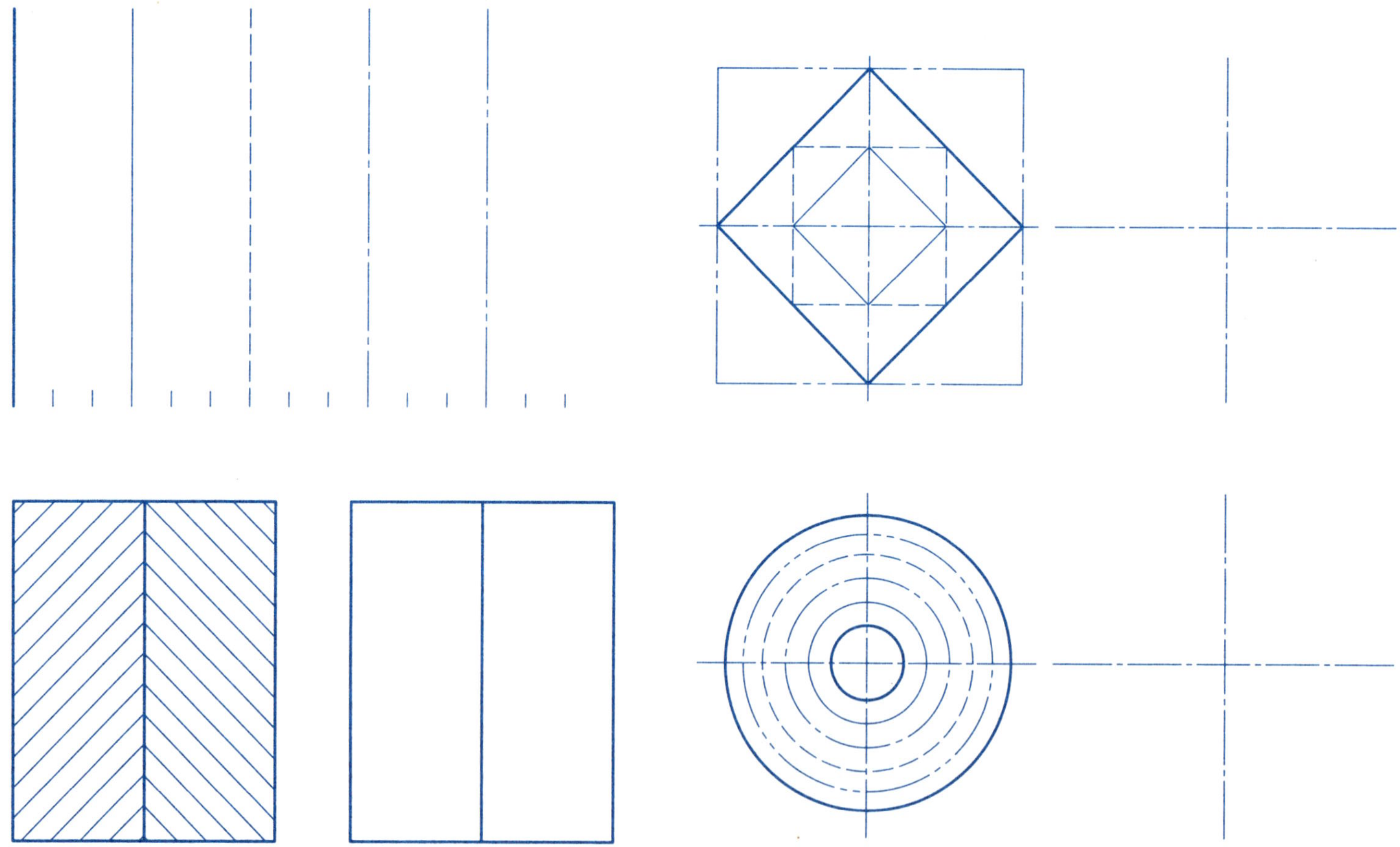

班级_____ 姓名_____ 学号_____

项目一 手工绘制机械图样

训练三：画斜度

在指定位置，按1:1的比例抄画下面的图形，必须用几何作图的方法画出斜度，保留斜度的辅助作图线，并标注尺寸和斜度符号。

训练四：画锥度

在指定位置，按1:1的比例抄画下面的图形，必须用几何作图的方法画出锥度，保留锥度的辅助作图线，并标注尺寸和锥度符号。

班级_____ 姓名_____ 学号_____

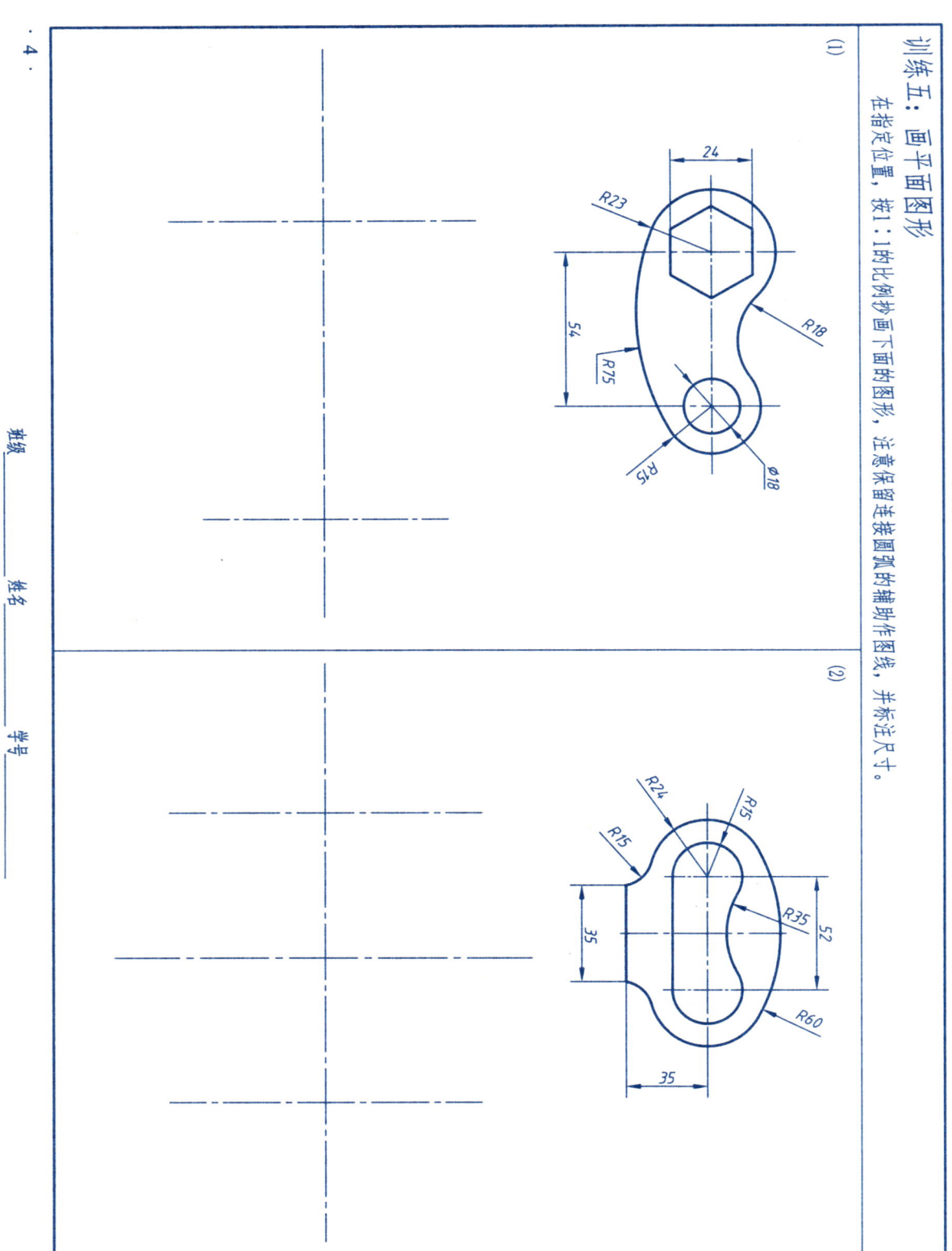

项目一 手工绘制机械图样

训练六：画平面图形

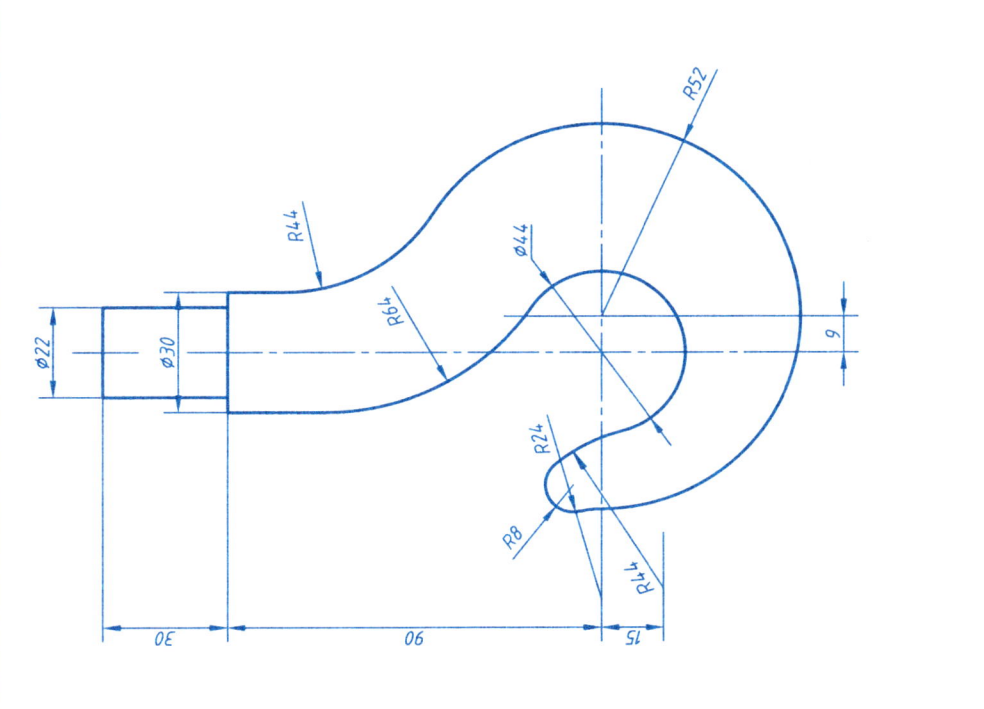

1. 作业要求
按1:1的比例，在A4图纸上抄画右图所示的图形。

2. 作业目的
(1) 熟悉圆弧连接的画法。
(2) 练习绘图工具和绘图仪器的使用。
(3) 熟悉图框和标题栏的画法及标题栏的填写。

3. 绘图步骤
1) 画底稿（用旧或2H铅笔）
(1) 按A4纸竖放留表订边画图框。
(2) 在图纸右下角，按教材上所推荐的学生作业标题栏式画标题栏。
(3) 图中的点画线，为了保证图形布置在图纸上所内框线的正中间，可根据图形尺寸进行简单计算，计算出水平点画线离内框线大概距离，竖直方向的点画线画在图中内框线的中间即可。
(4) 根据图形所给的尺寸画底稿。
(5) 校对底稿，并擦去多余作图线。
2) 加深（粗实线及粗圆线用2B铅笔，其他图线用HB铅笔）
按先曲后直，先细后粗，先上后下，先左后右的原则加深各种线型。
3) 填写标题栏（字体采用长仿宋字）
图样名称填写吊钩。

4. 注意事项
(1) 各种图线要符合国家标准的规定，粗实线的宽度是其他图线的两倍，可采用0.5 mm或0.7 mm。
(2) 先削好铅笔磨好圆规的铅芯再作图，作图要细致耐心，图面要整洁。

班级_____ 姓名_____ 学号_____

项目二 计算机绘制平面图形

训练一：用ZWCAD画直线

要求： 熟练掌握ZWCAD直线命令的用法，能熟练利用相对直角坐标及相对极坐标绘制直线，掌握偏移、修剪、删除等编辑命令的使用。

提示： 相对直角坐标的格式为@△x, △y，相对极坐标的格式为@长度<角度。互相平行的线可以用偏移命令绘制。

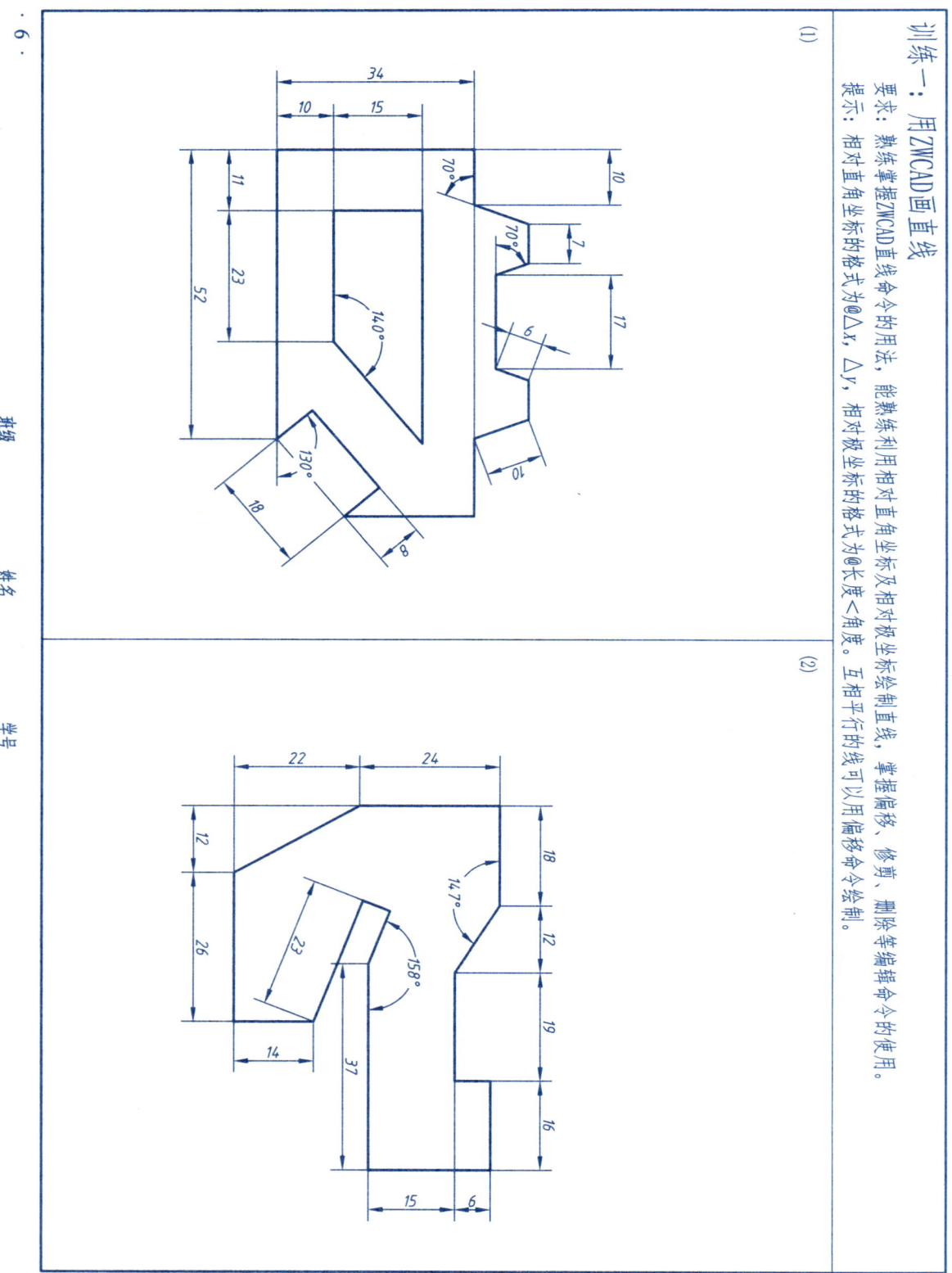

(1)

(2)

班级_____ 姓名_____ 学号_____

项目二 计算机绘制平面图形

训练二：练习ZWCAD画多边形命令和环形阵列的用法

要求：熟练掌握多边形命令、圆角命令，进一步熟悉环形阵列的用法。

(1)

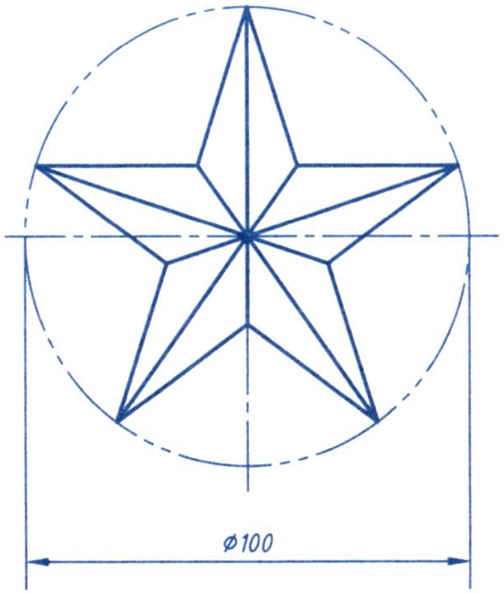

(2)

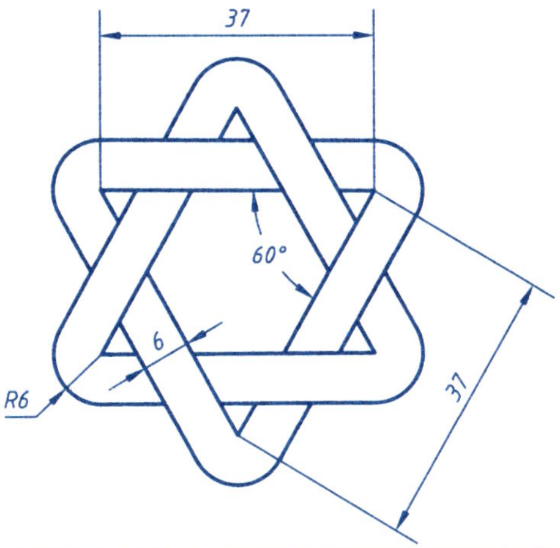

训练一：练习ZWCAD画圆命令和环形阵列的用法

要求：熟练掌握画圆命令和环形阵列的使用，进一步熟悉修剪、删除等命令的使用。

(1)

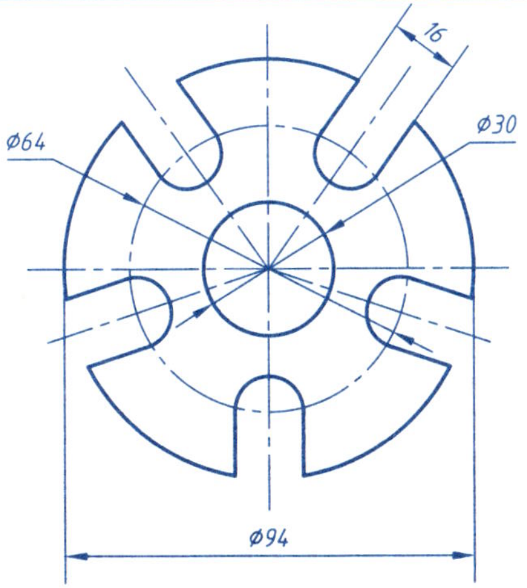

(2)

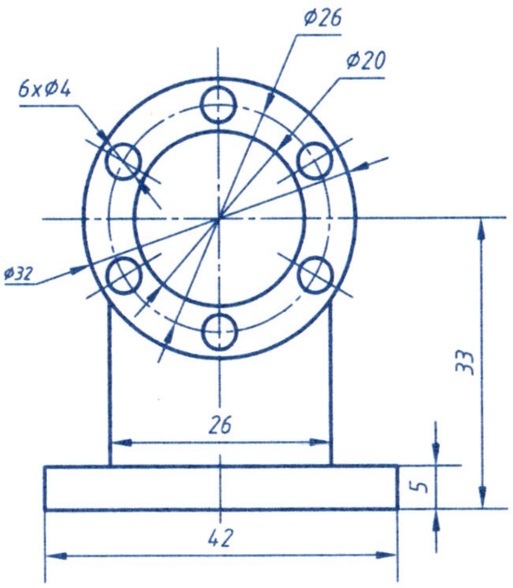

班级_____ 姓名_____ 学号_____

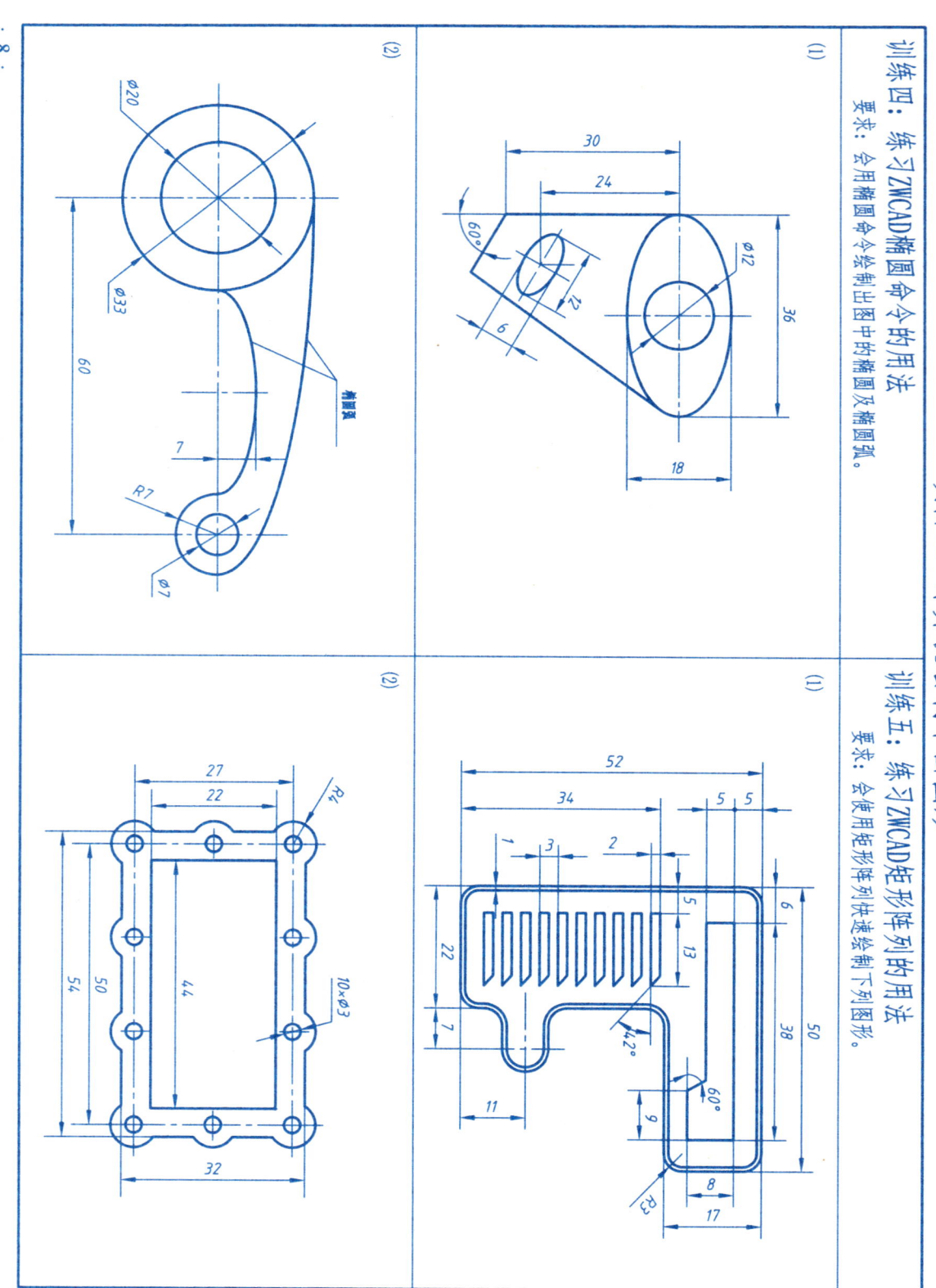

项目二 计算机绘制平面图形

训练六： 练习ZWCAD复制命令和拉伸命令的用法
要求：使用复制命令复制类似的结构，并用拉伸命令快速修改图形。

训练七： 练习ZWCAD镜像及旋转复制
要求：上部采用镜像命令的绘制，并使用旋转复制，复制下部36°处的结构。

项目二 计算机绘制平面图形

训练八：练习 ZWCAD 镜像工具的用法

要求：会使用相对直角坐标绘制斜度，会用捕捉切点画两圆的公切线，利用镜像命令绘制对称的图形。

(1)

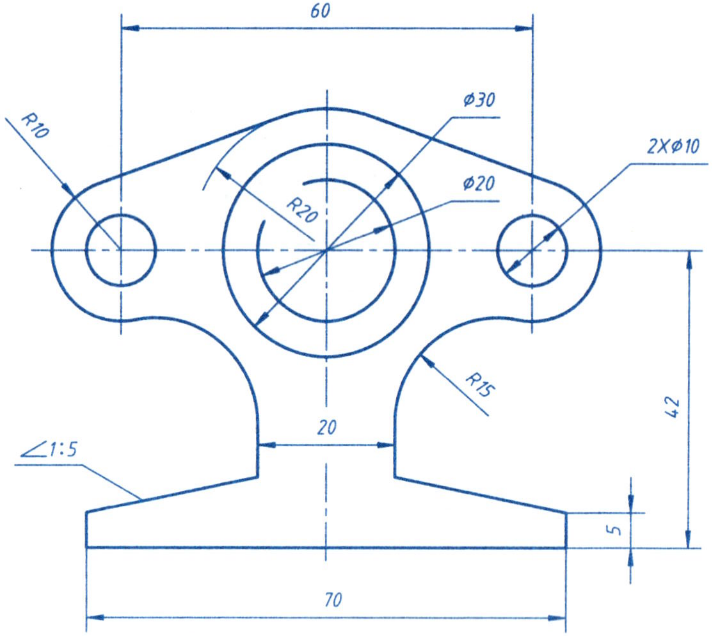

(2)

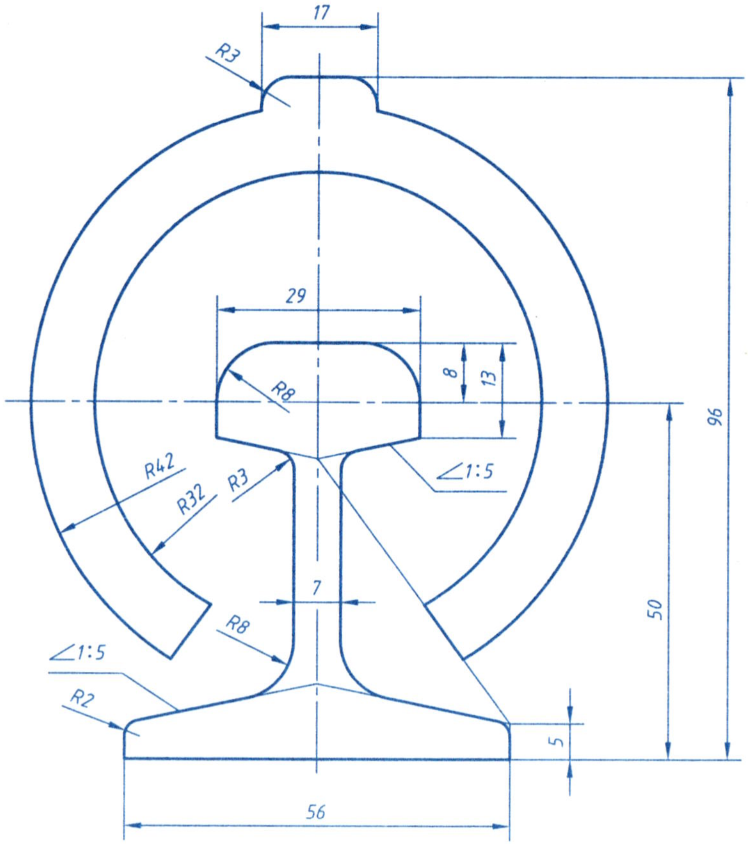

项目二 计算机绘制平面图形

训练九：用ZWCAD绘制复杂的圆弧连接图形

要求：能正确绘制连接圆弧
提示：连接圆弧一般可用圆角命令，或者画圆（相切、相切、半径方式）绘制，但对于给了一个定位尺寸的圆弧，只能自己去找圆弧的圆心。如果与已知圆外切，以该圆的圆心和半径画辅助圆，两圆半径和为半径画辅助圆的圆心为圆心；如果与已知圆内切，则以该已知圆的圆心为圆心，两圆半径差为半径画辅助圆。

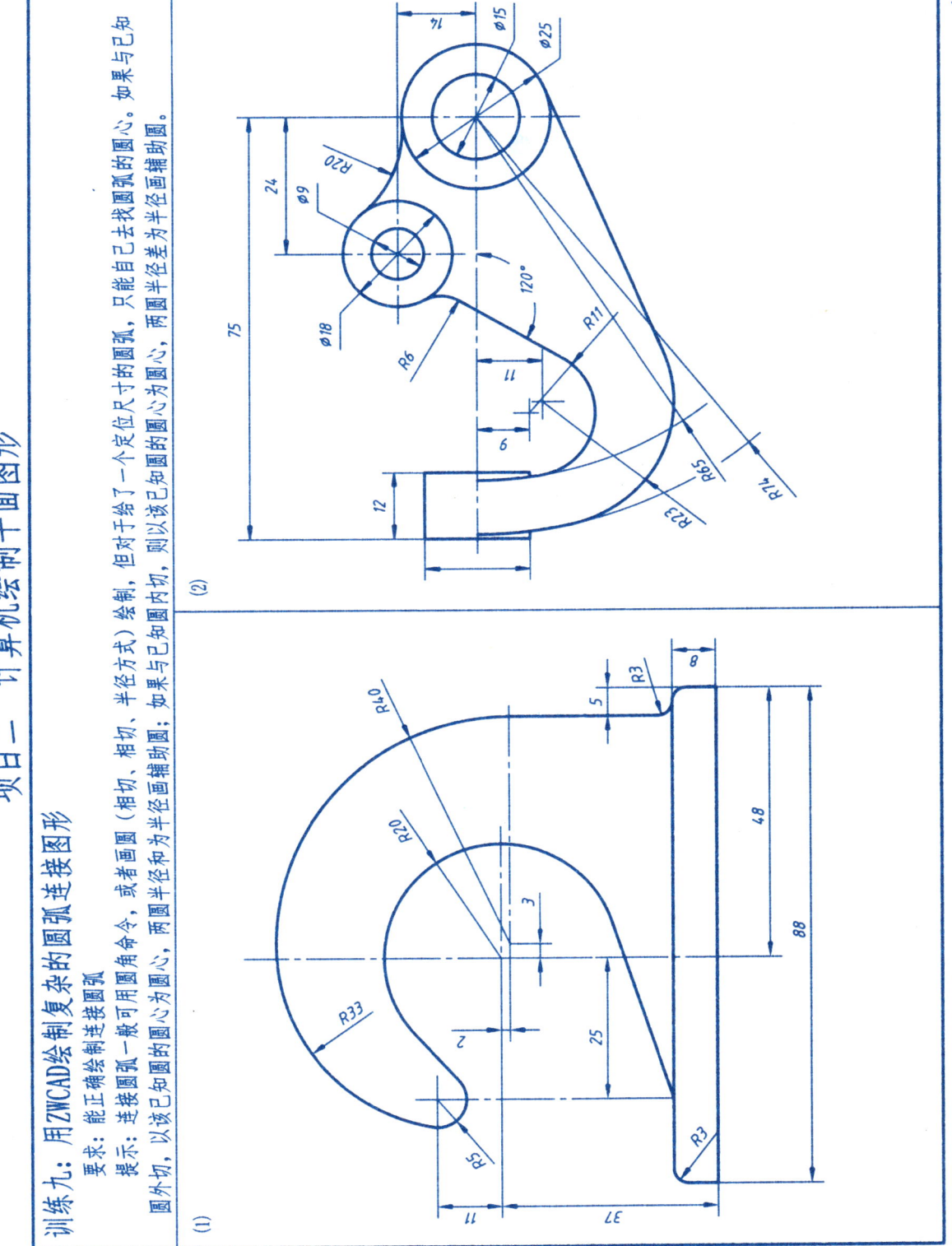

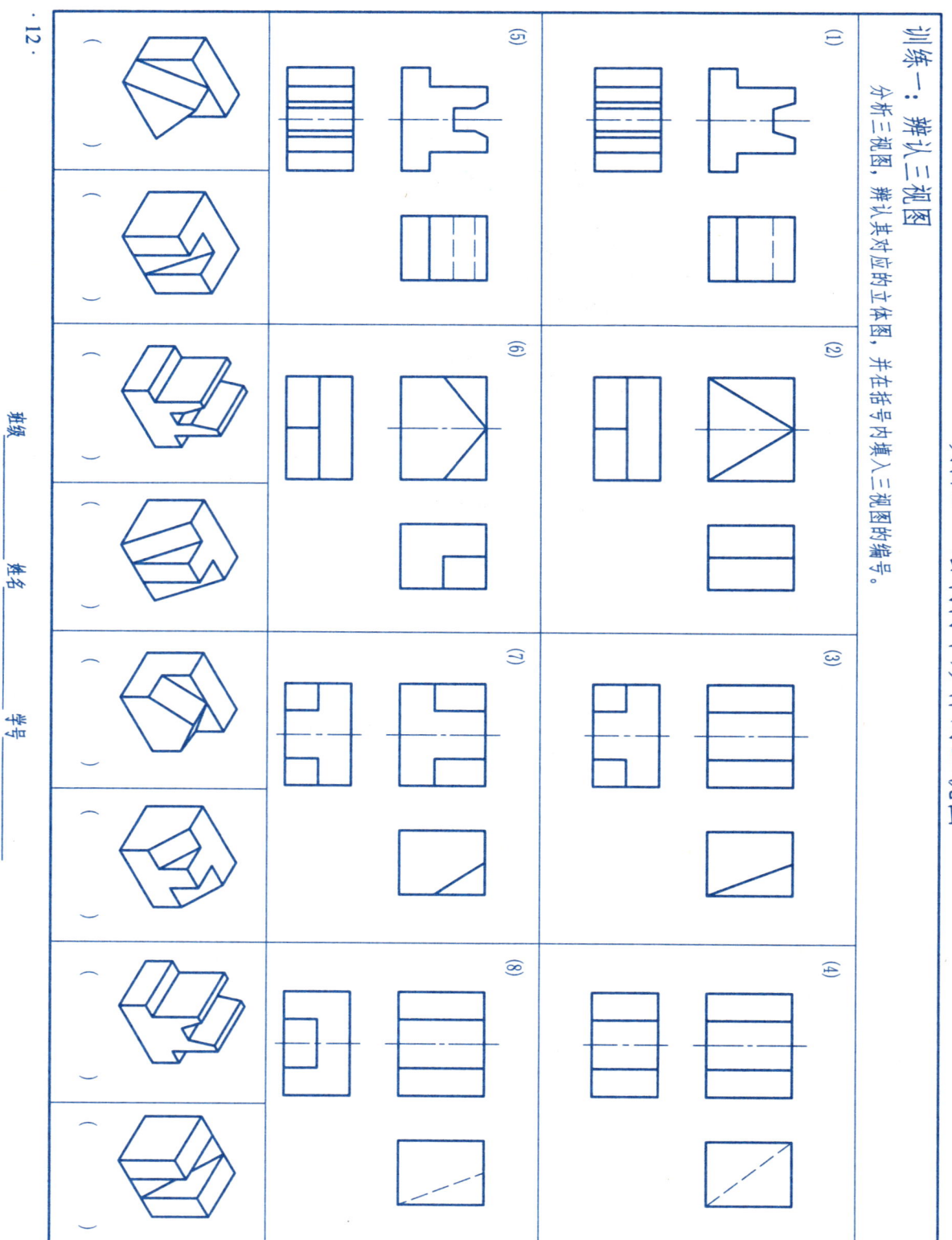

项目三　绘制简单形体的三视图

训练二：读三视图及补出图中所缺的线

要求：对照立体图，补画三视图中所缺的线，并在箭头旁边标出箭头所指视图的名称。

(1)　(2) 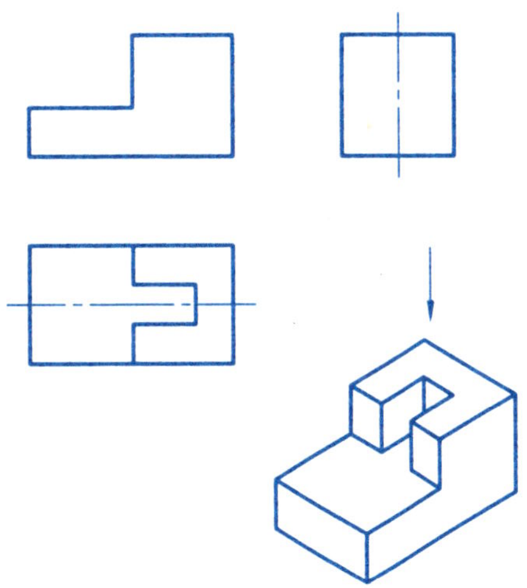　(3)

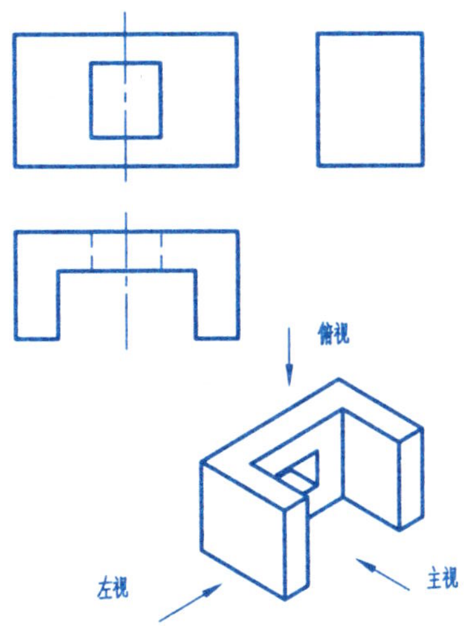

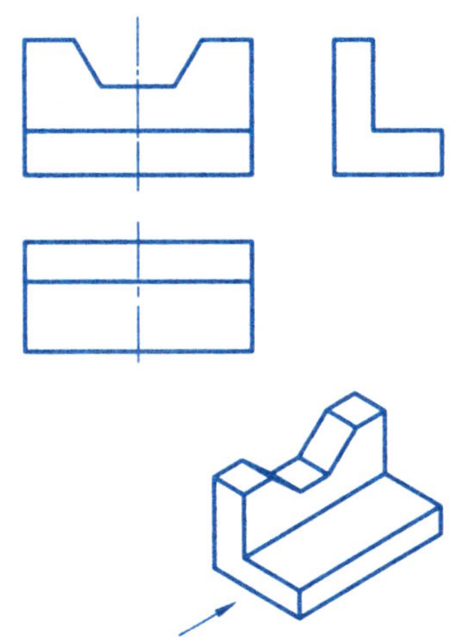

(4) 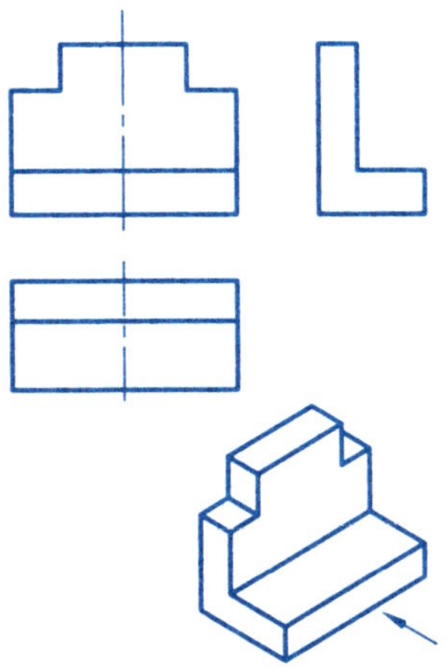　(5) 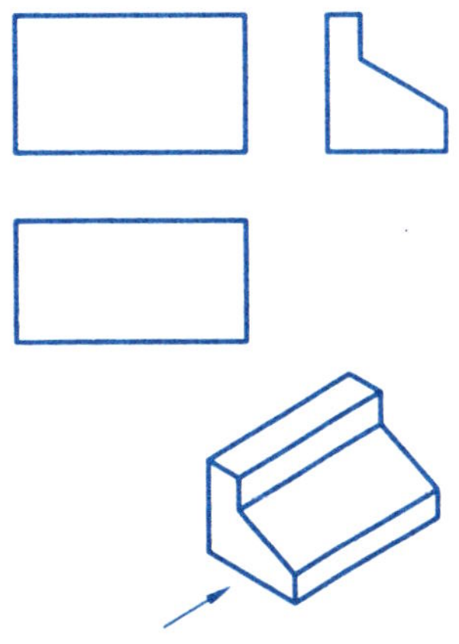　(6)

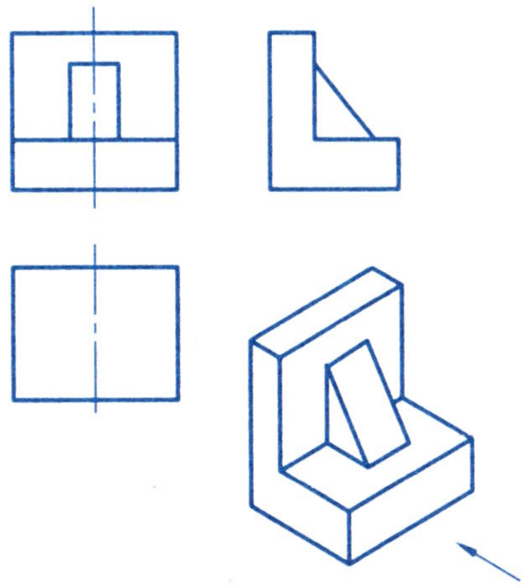

班级＿＿＿＿　姓名＿＿＿＿　学号＿＿＿＿

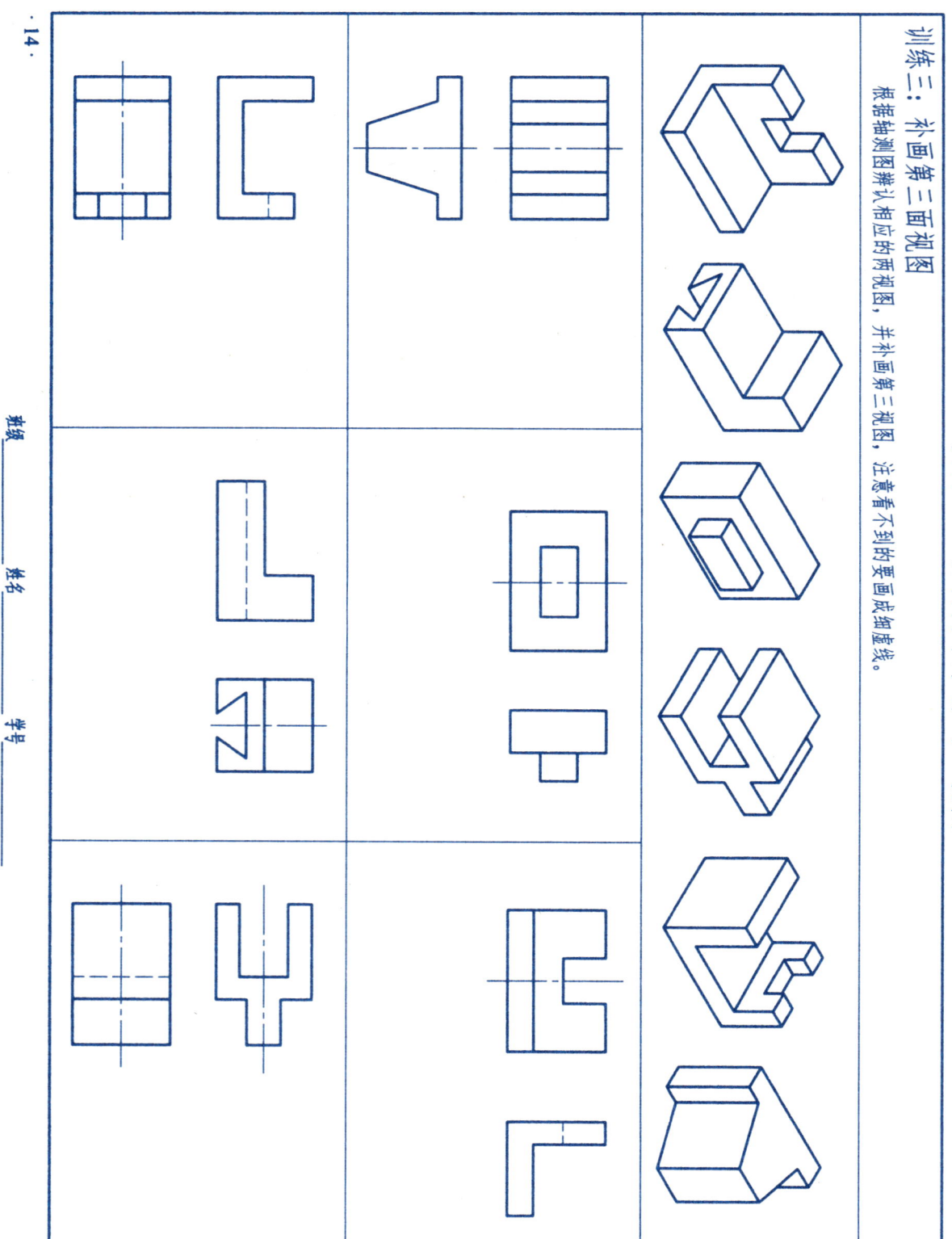

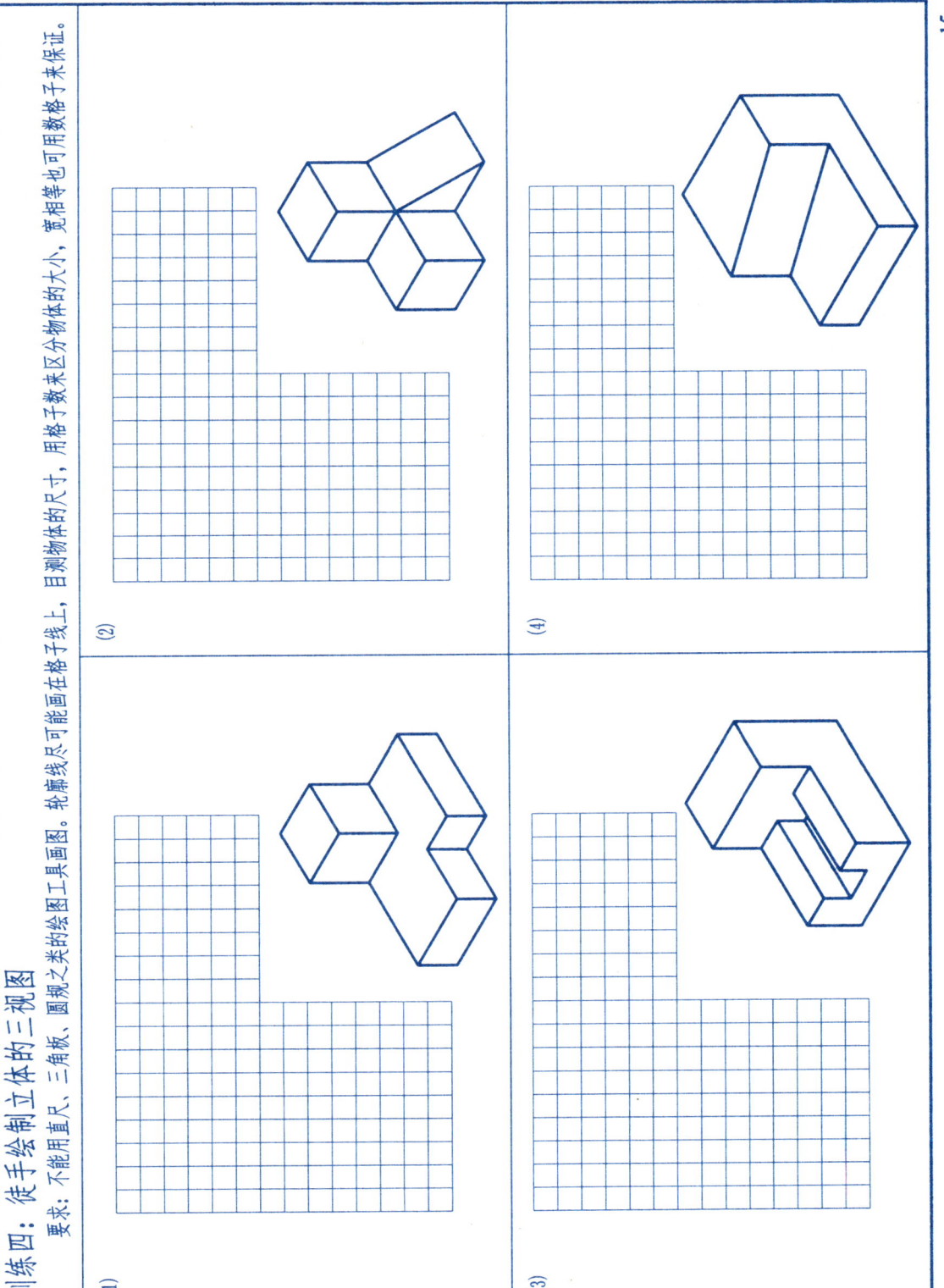

项目三 绘制简单形体的三视图

训练四：徒手绘制立体的三视图

要求：不能用直尺、三角板、圆规之类的绘图工具画图。轮廓线尽可能画在格子线上，目测物体的尺寸，用格子数来区分尺寸的大小，宽相等也可用通过数格子来保证。

(5)

(6)

(7)

(8)

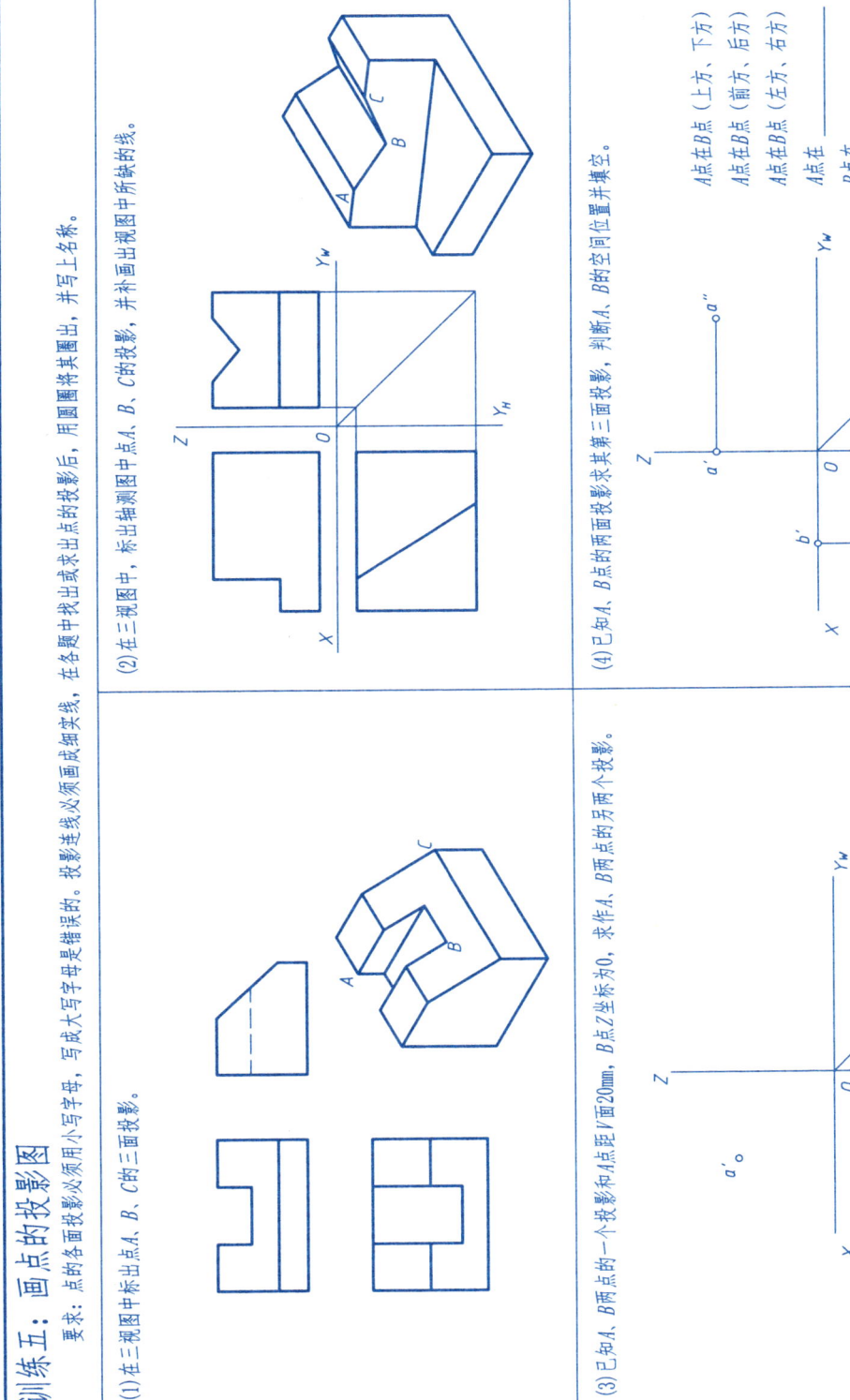

项目三 绘制简单形体的三视图

训练六：画直线的投影图

画投影图时，投影连线必须画成细实线，不要画成虚线，直线的投影要描粗。

(1) 已知直线的两面投影求其第三面投影，并判断直线的空间位置。

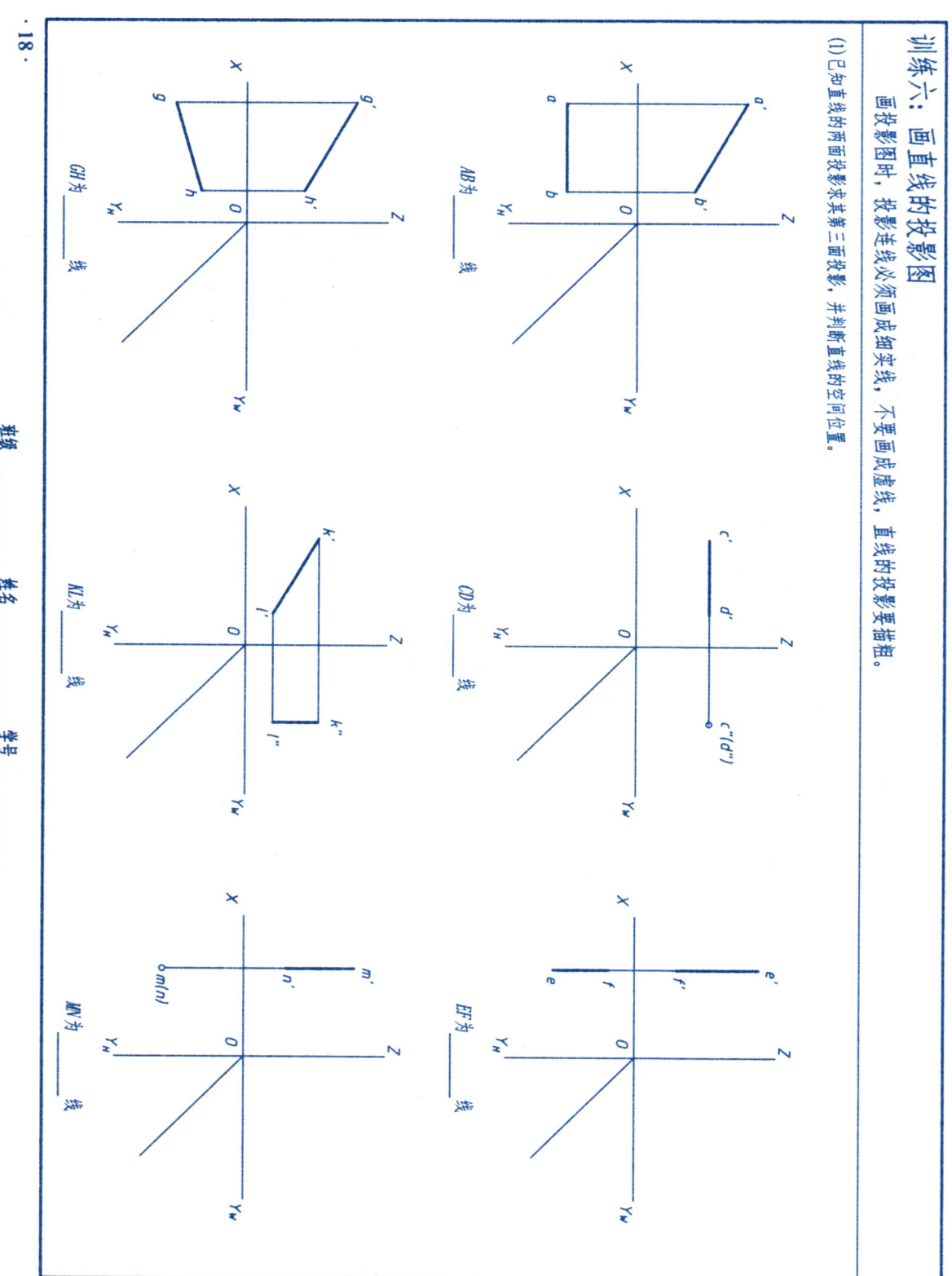

AB为_____线 CD为_____线 EF为_____线

GH为_____线 KL为_____线 MN为_____线

· 18 ·   班级_____ 姓名_____ 学号_____

项目三 绘制简单形体的三视图

训练六：画直线的投影图

画投影图时，投影连线必须画成细实线，不要画成虚线，直线的投影要描粗。第(3)、(5)题作图时保留作图辅助线。

(2) 判断直线的相对位置。

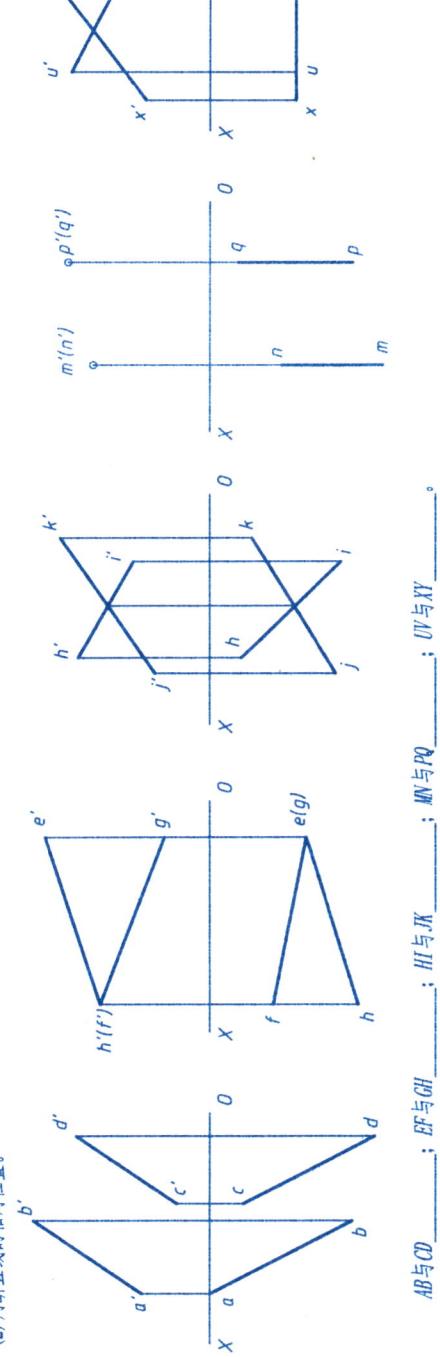

AB与CD_____；EF与GH_____；HI与JK_____；MN与PQ_____；UV与XY_____。

(3) 在线段AB上求作E点的投影，已知E点距离H面12 mm。

(4) 试作一直线MN平行于直线CD，EF相交。

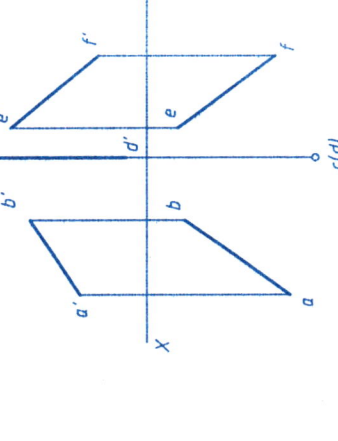

(5) 由点A作直线AB与CD相交，交点B距离V面10 mm。

班级_____ 姓名_____ 学号_____

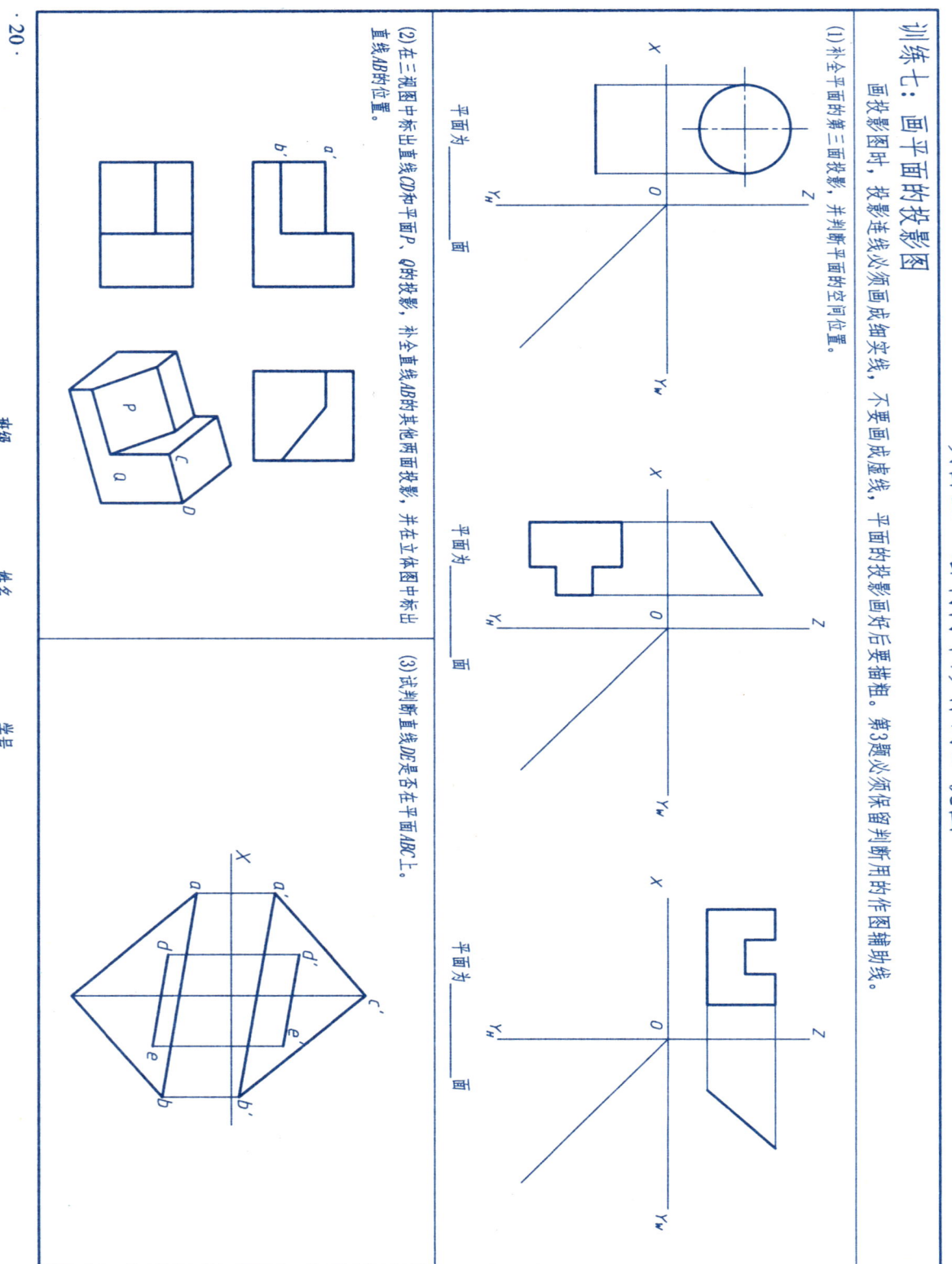

项目四 绘制基本体及其表面交线

训练一：平面立体及表面取点
补画立体的第三视图，并求出其表面上各点的其他两面投影，要画出45°辅助作图线。

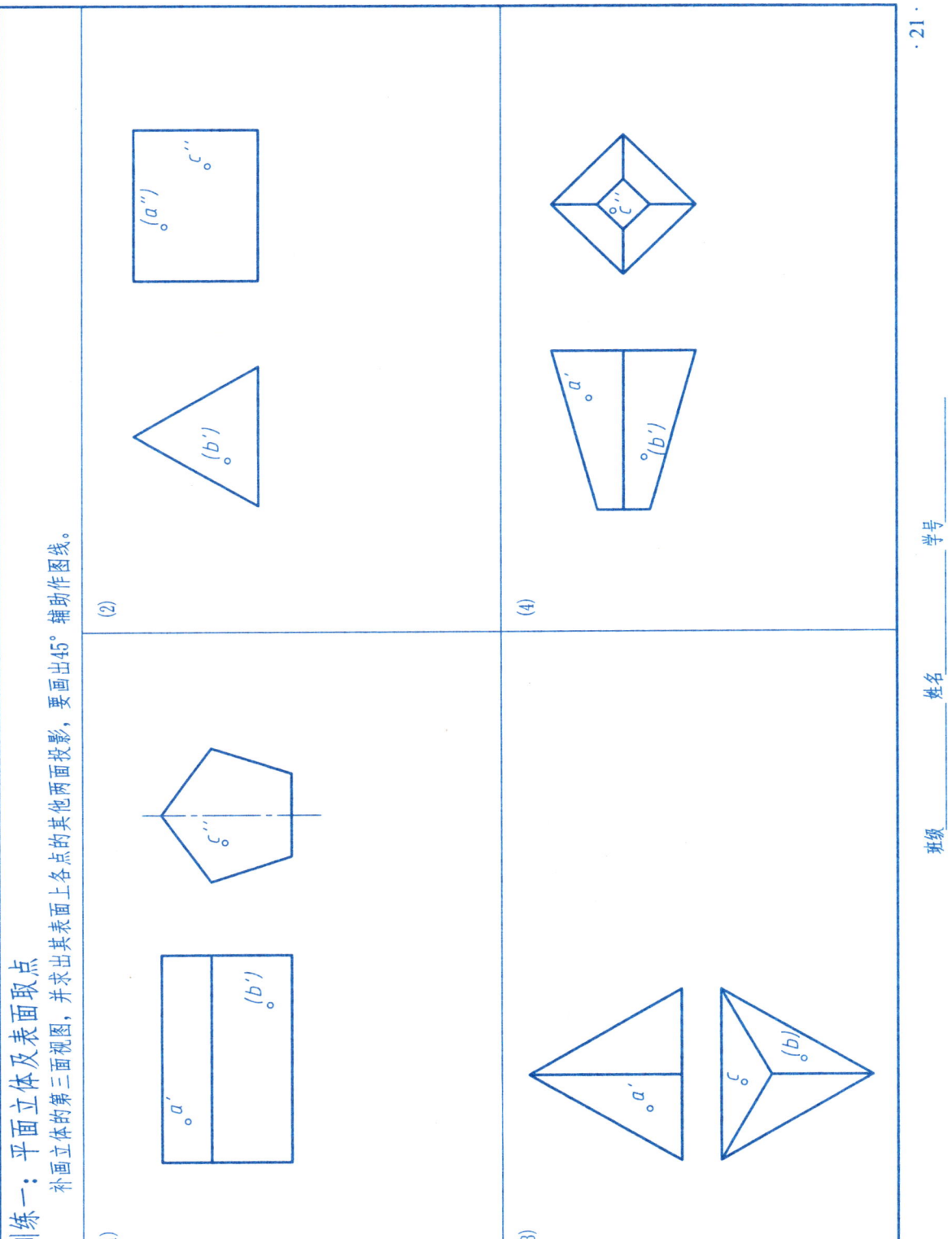

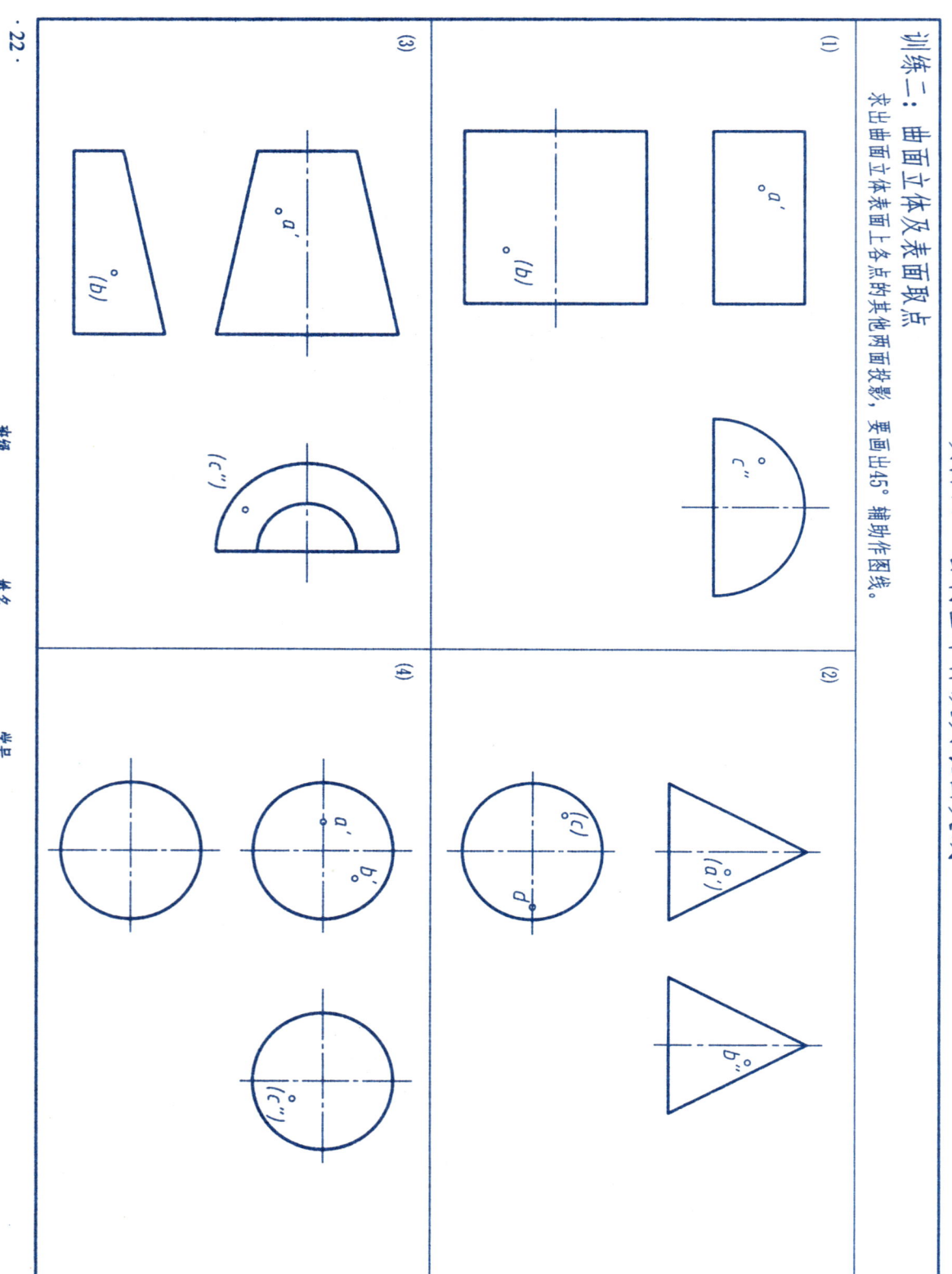

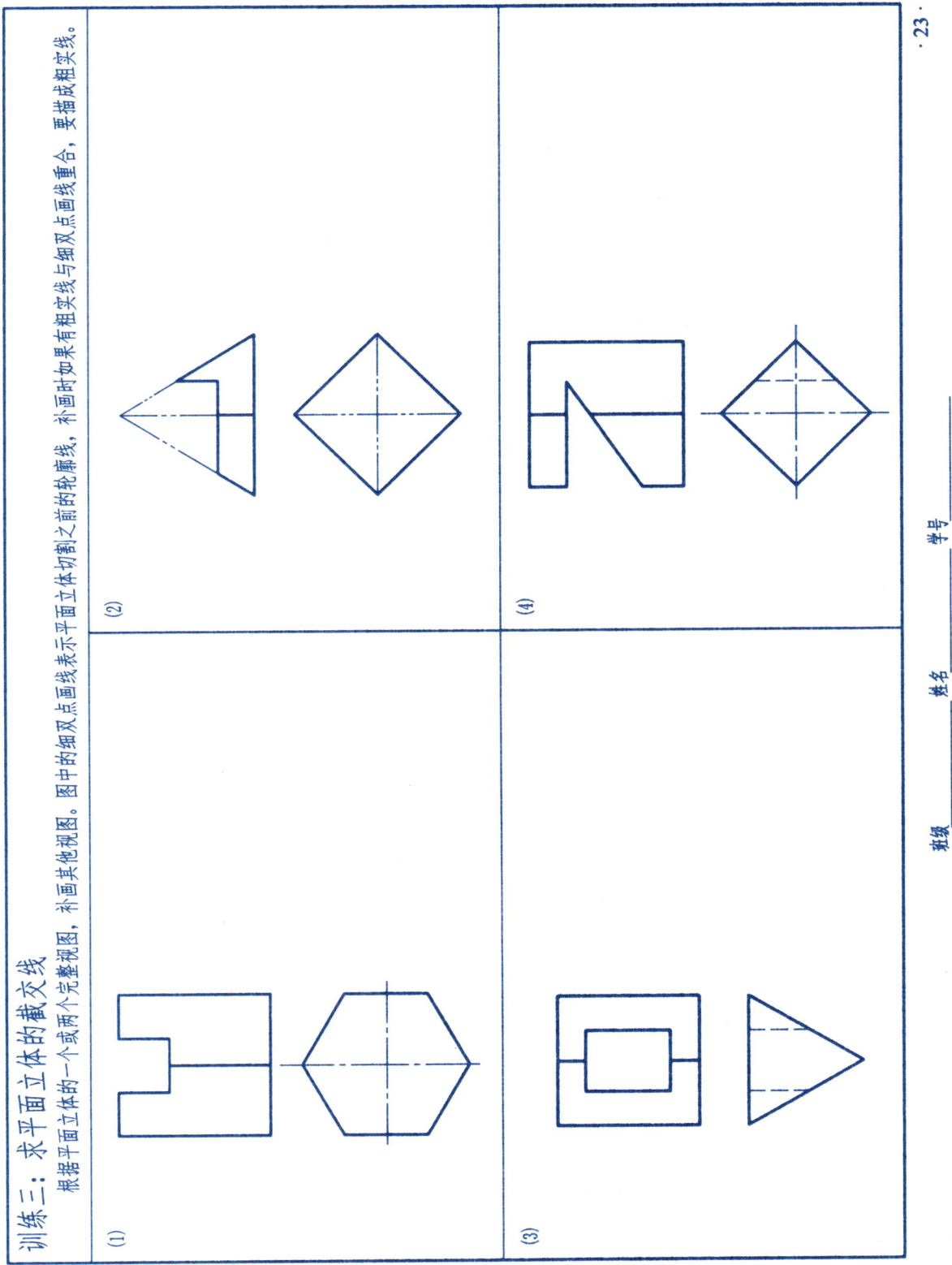

项目四　绘制基本体及其表面交线

训练三：求平面立体的截交线

根据平面立体的一个或两个完整视图，补画其他视图。图中的细双点画线表示平面立体切割之前的轮廓线，补画时如果有粗实线与细双点画线重合，要描成粗实线。

(5)

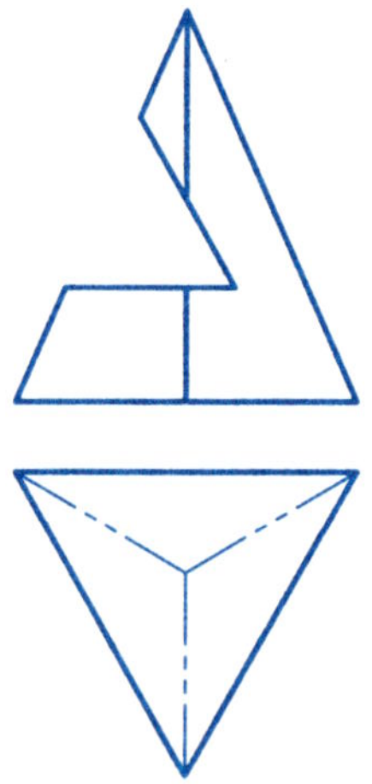

(6)

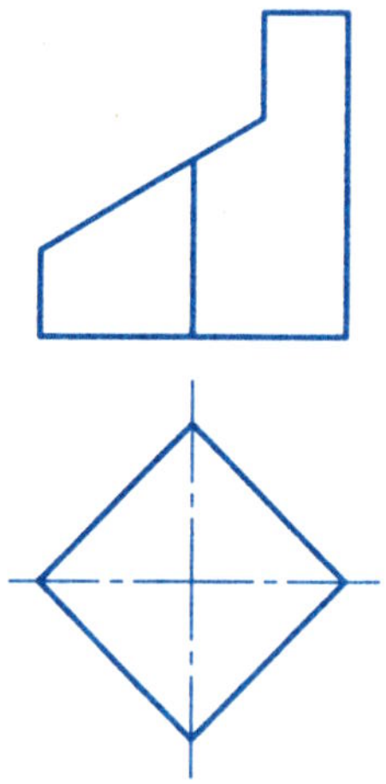

(7)

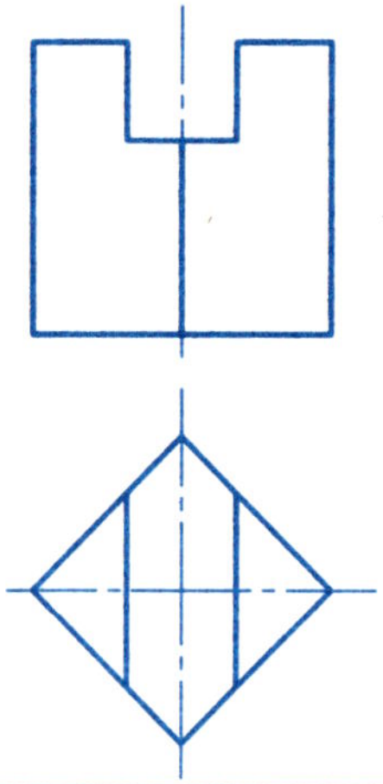

(8)

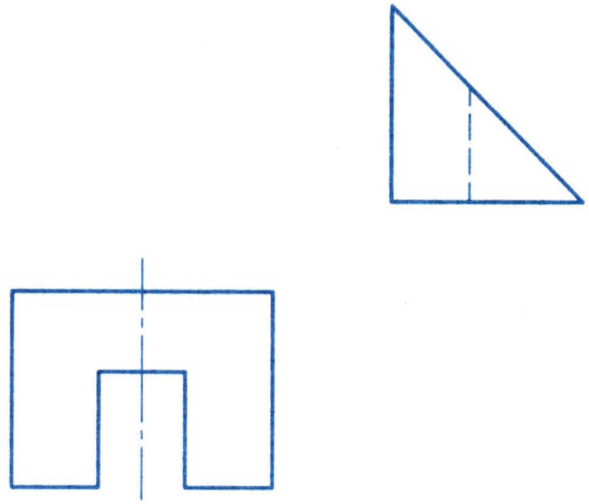

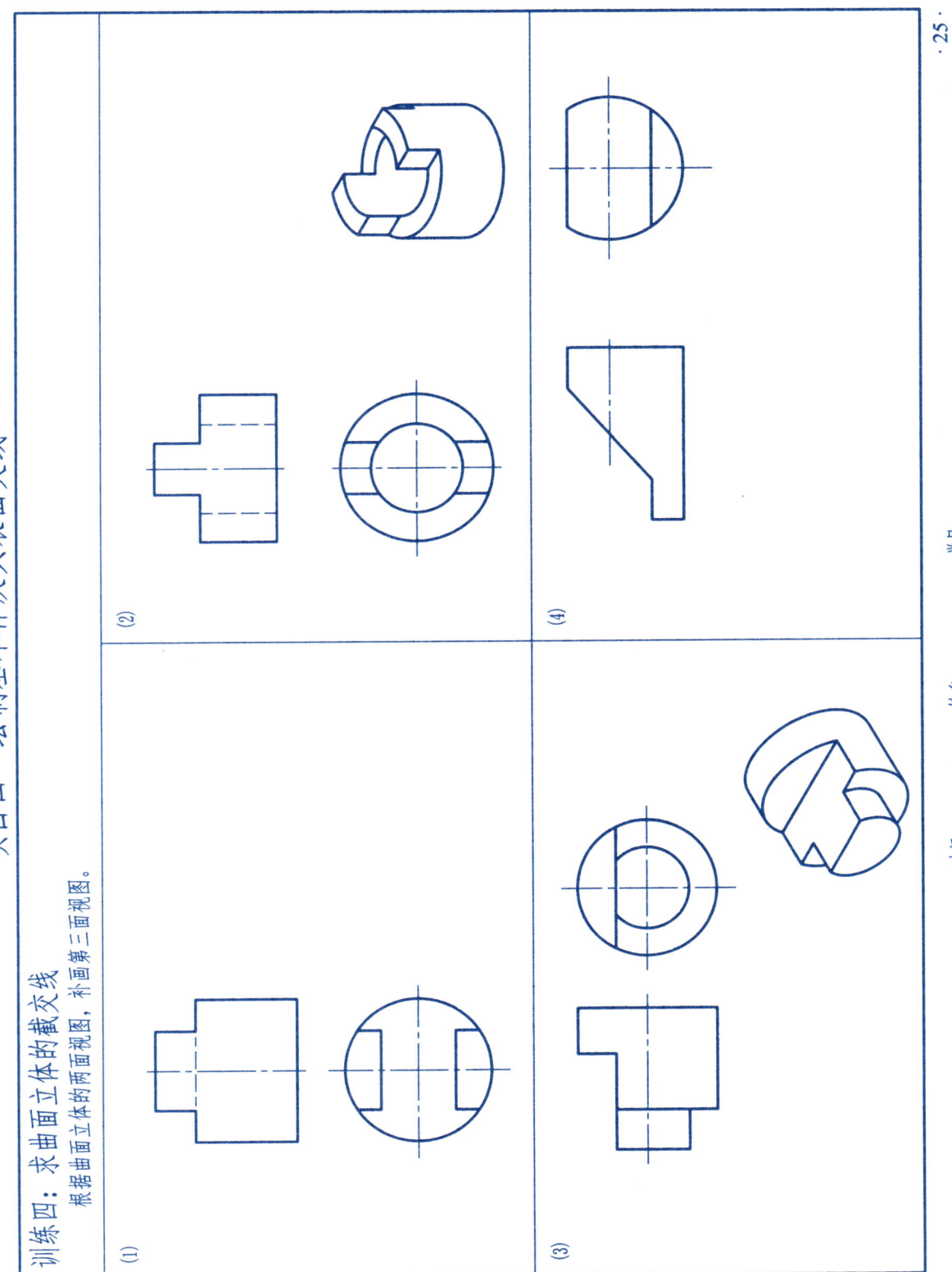

项目四 绘制基本体及其表面交线

训练四：求曲面立体的截交线

根据曲面立体的一个或两个完整视图，补画其他视图。

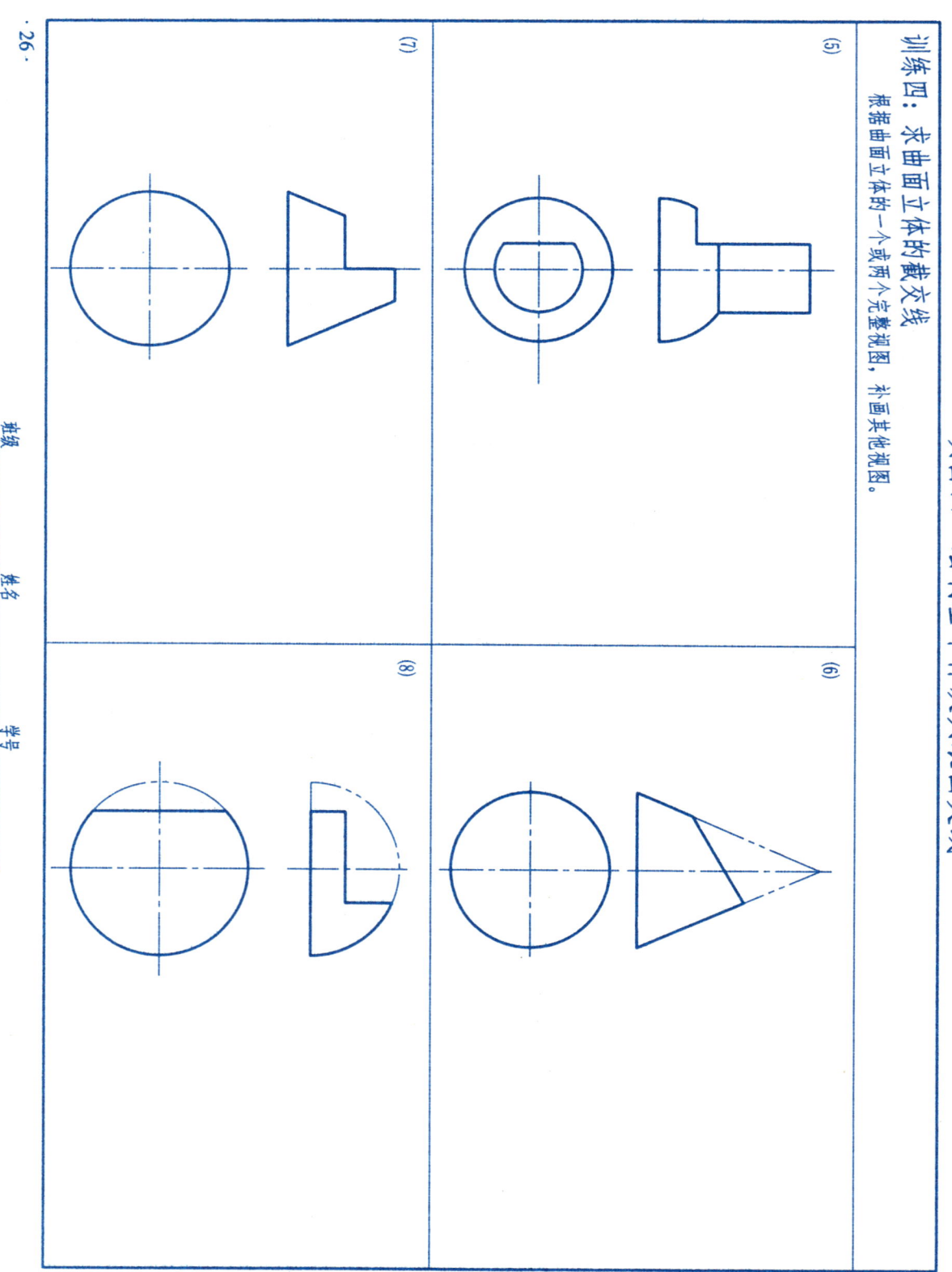

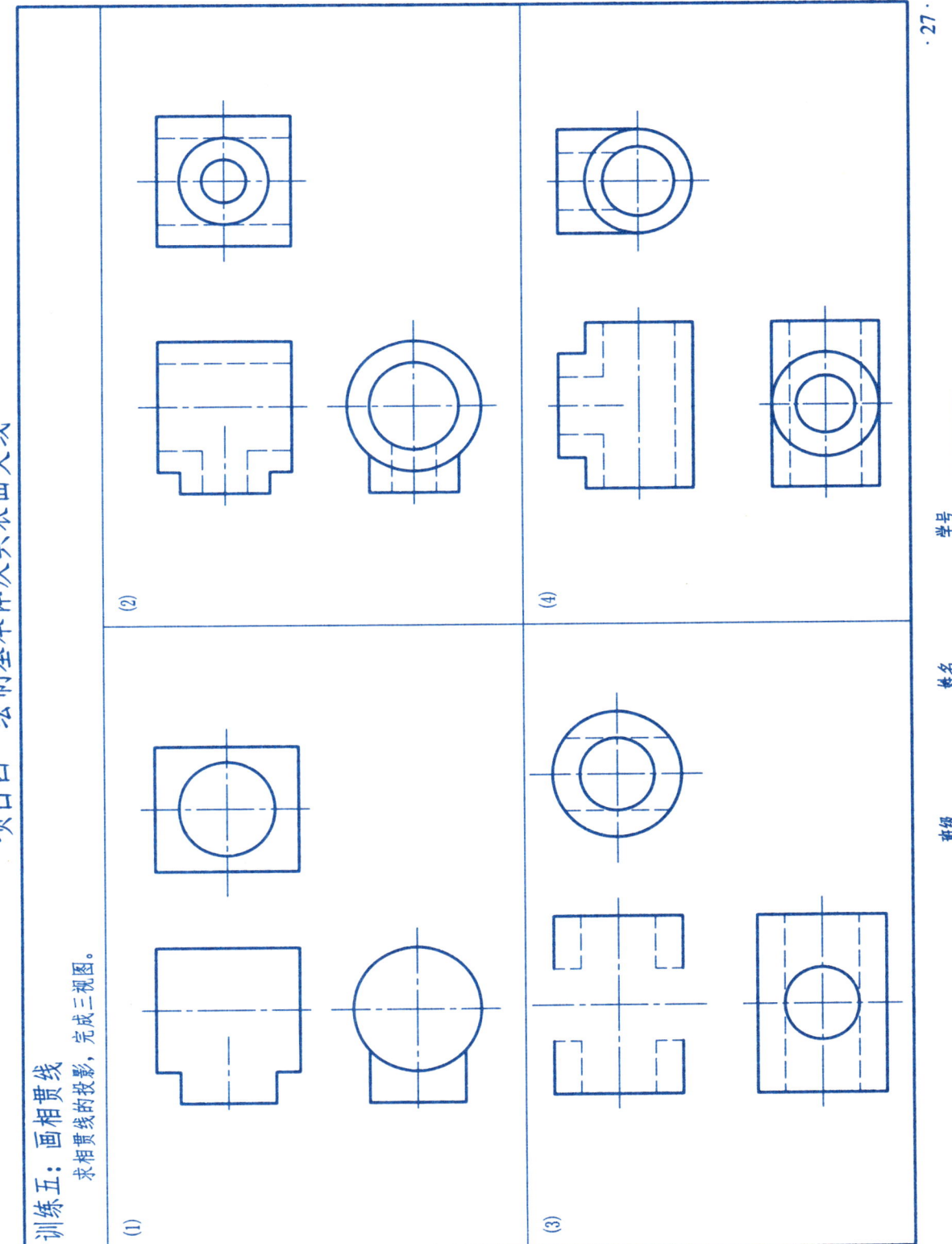

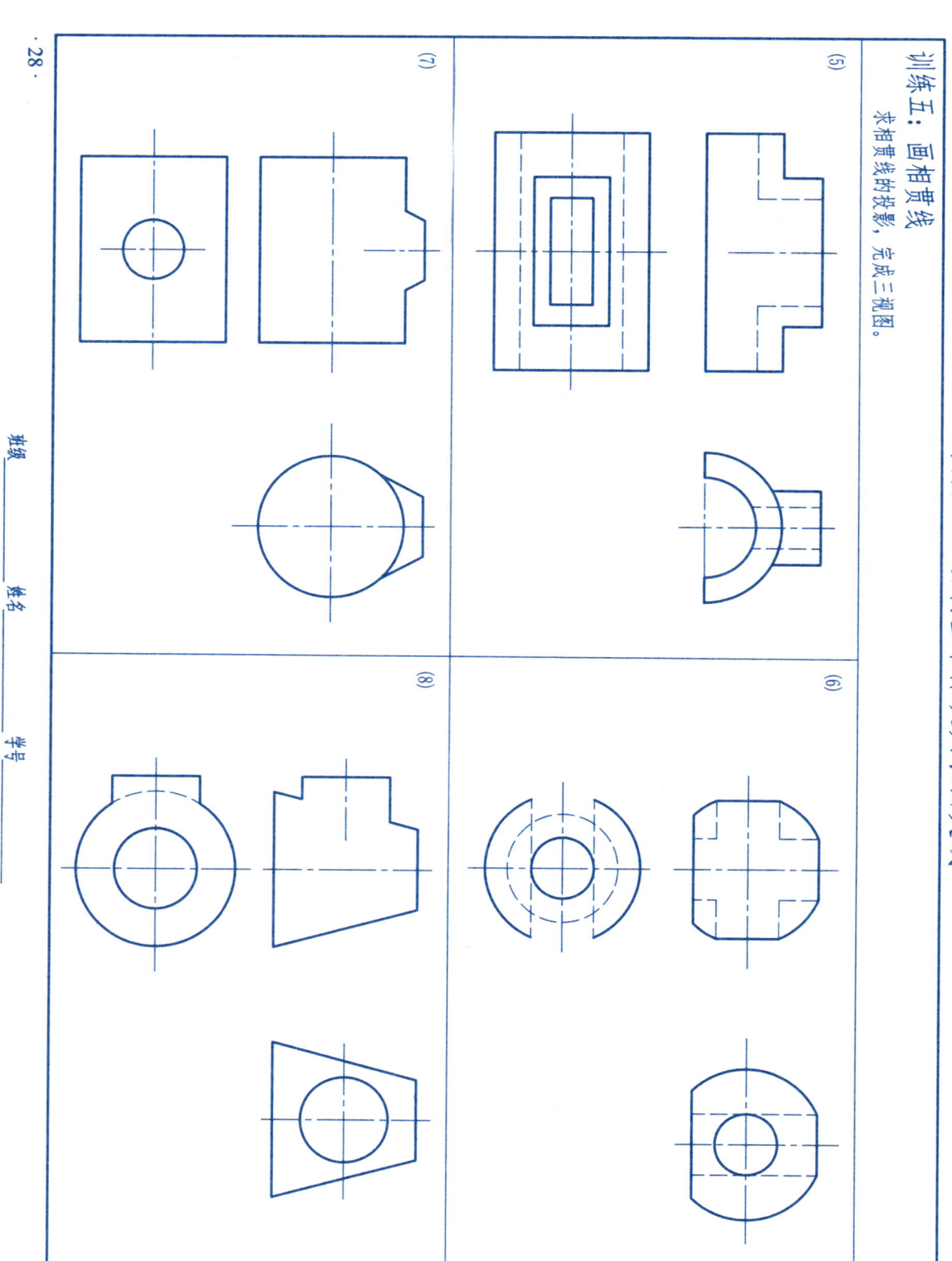

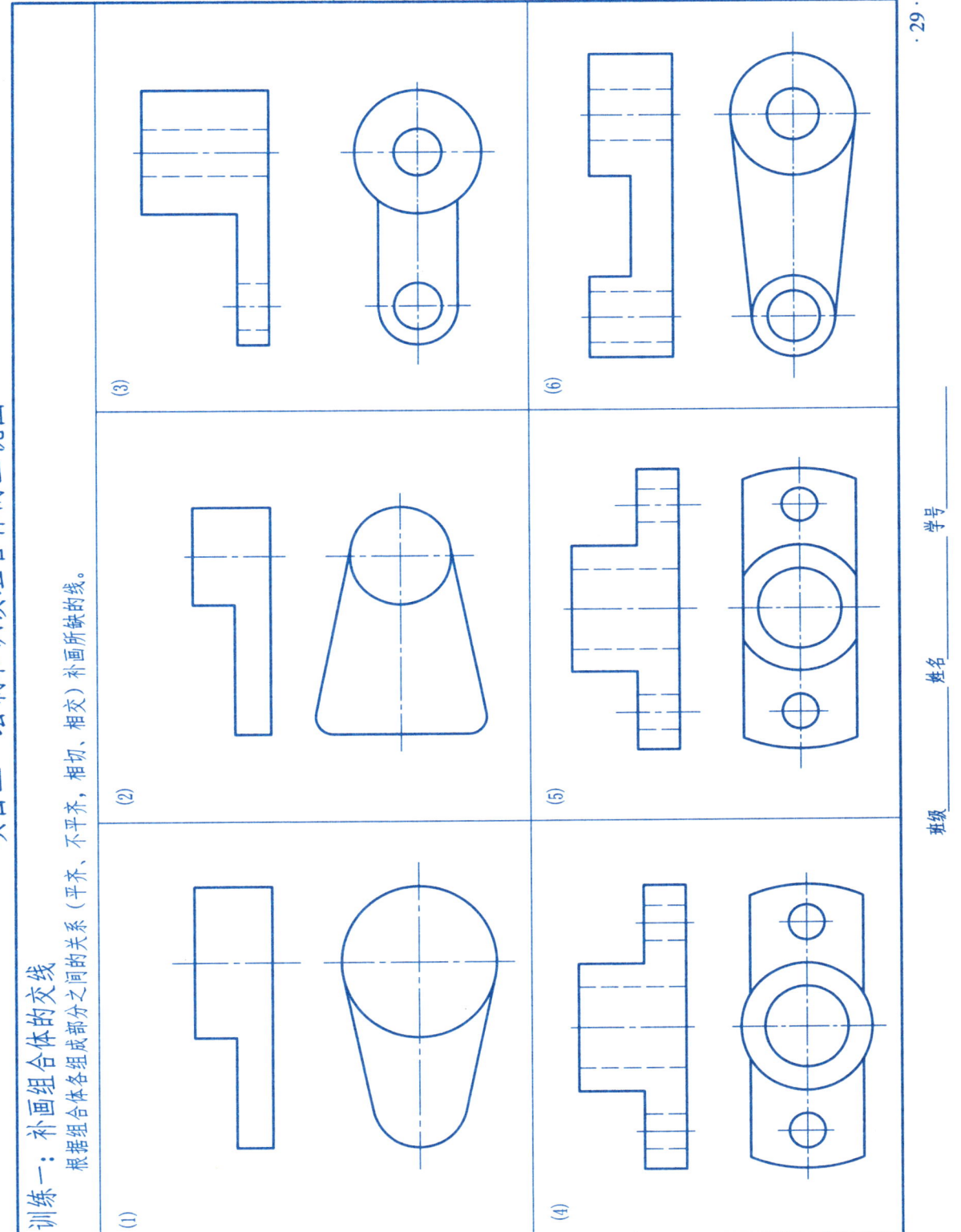

项目五　绘制和识读组合体的三视图

训练二：画组合体的三视图

按1:1的比例绘制组合体的三视图。

(1)

(2)

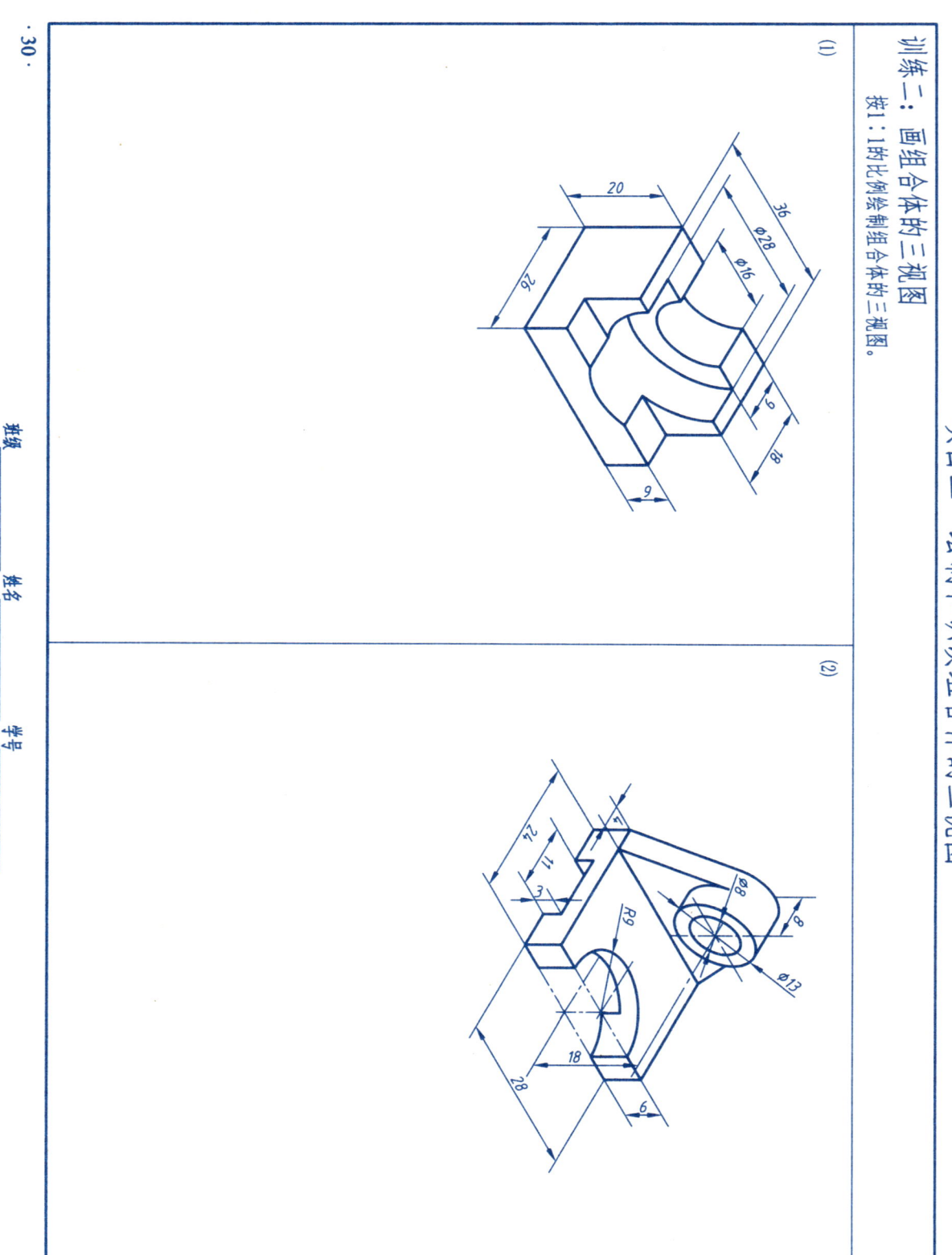

班级　　　　　姓名　　　　　学号

项目五 绘制和识读组合体的三视图

训练三：画组合体的三视图并标注尺寸

用A4图纸绘制下面模型的三视图，并标注尺寸。注意各部分之间交线的画法，不要漏掉细虚线。

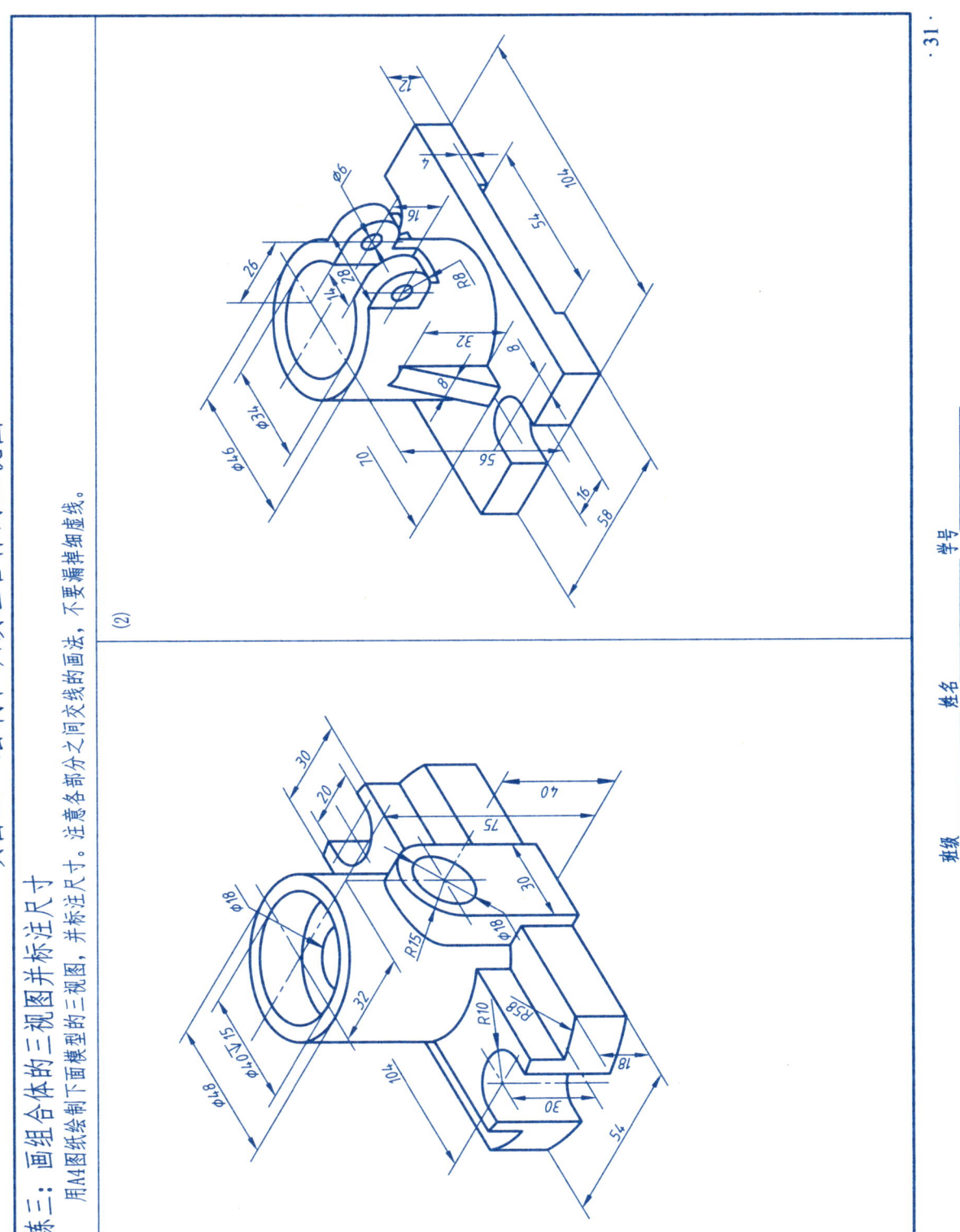

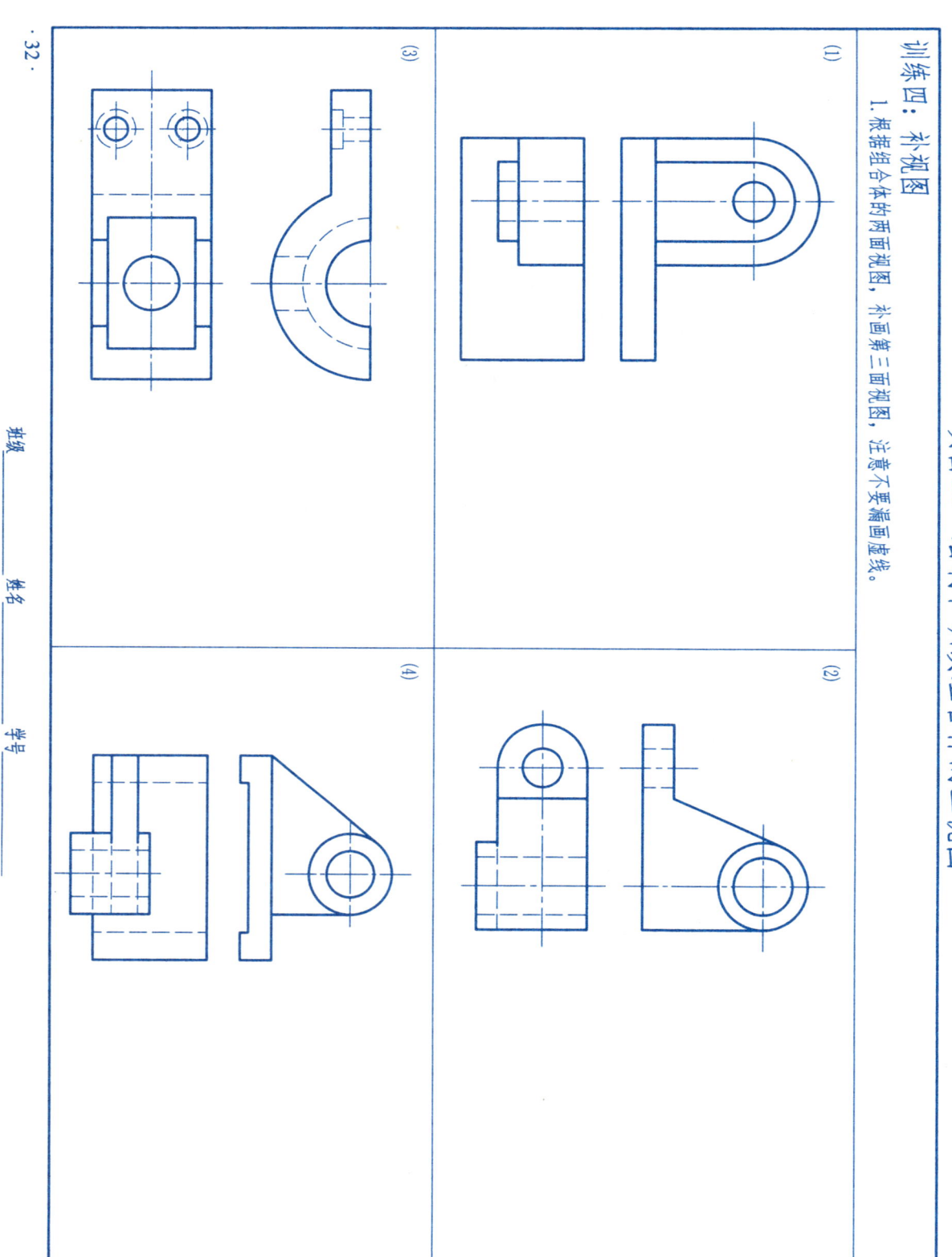

项目五 绘制和识读组合体的三视图

训练四：补视图

1. 根据组合体的两面视图，补画第三面视图，注意不要漏画虚线。

(5)

(6)

(7)

(8)

班级_____ 姓名_____ 学号_____

项目五 绘制和识读组合体的三视图

训练四：补视图

2. 根据组合体的两面视图，补画第三面视图，并徒手绘制组合体的轴测图（正等测或斜二测自行选择）。

(1) (2)

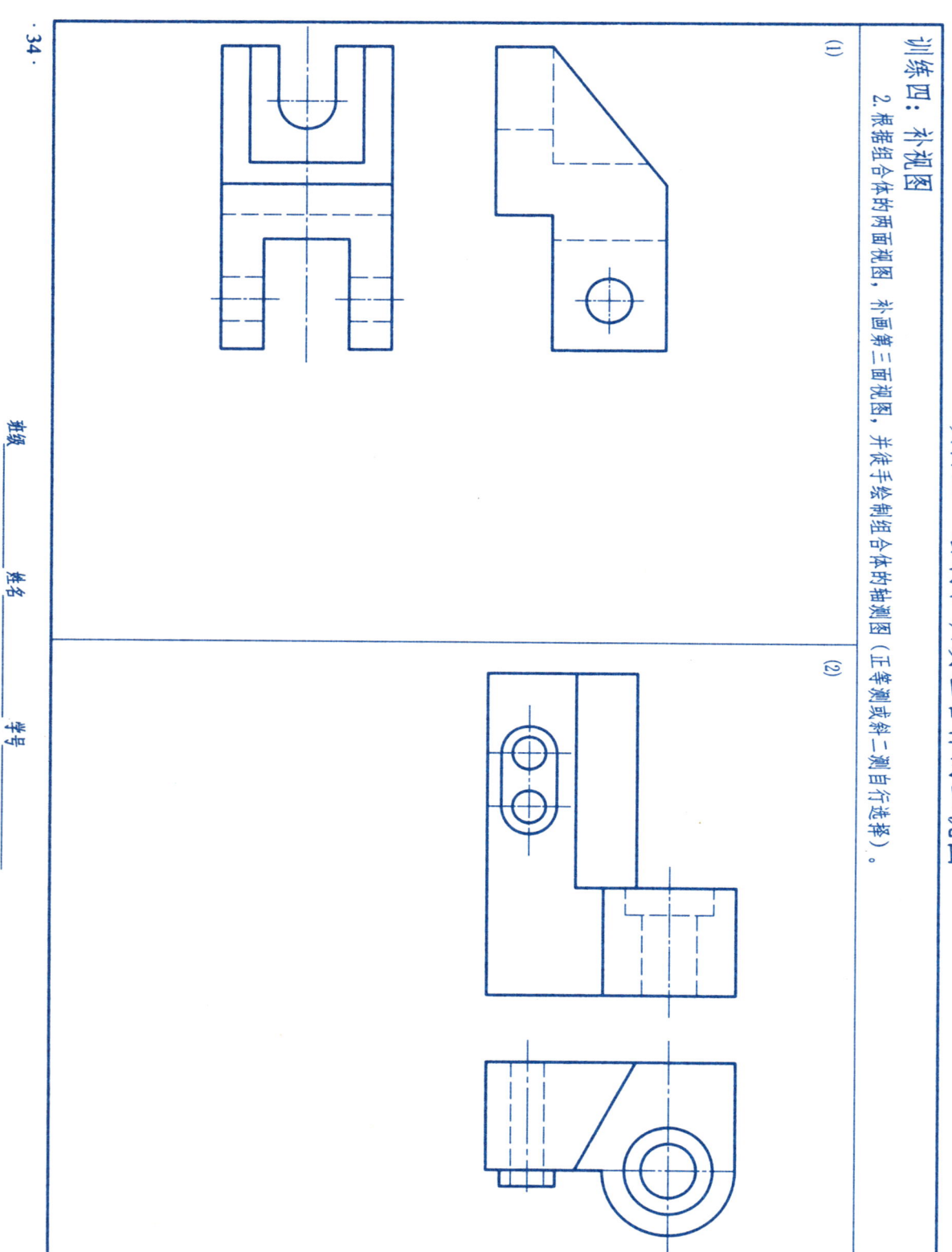

项目五 绘制和识读组合体的三视图

训练四：补视图

3. 根据组合体的两面视图，补画第三面视图，必要时可以徒手画轴测图帮助自己思考。

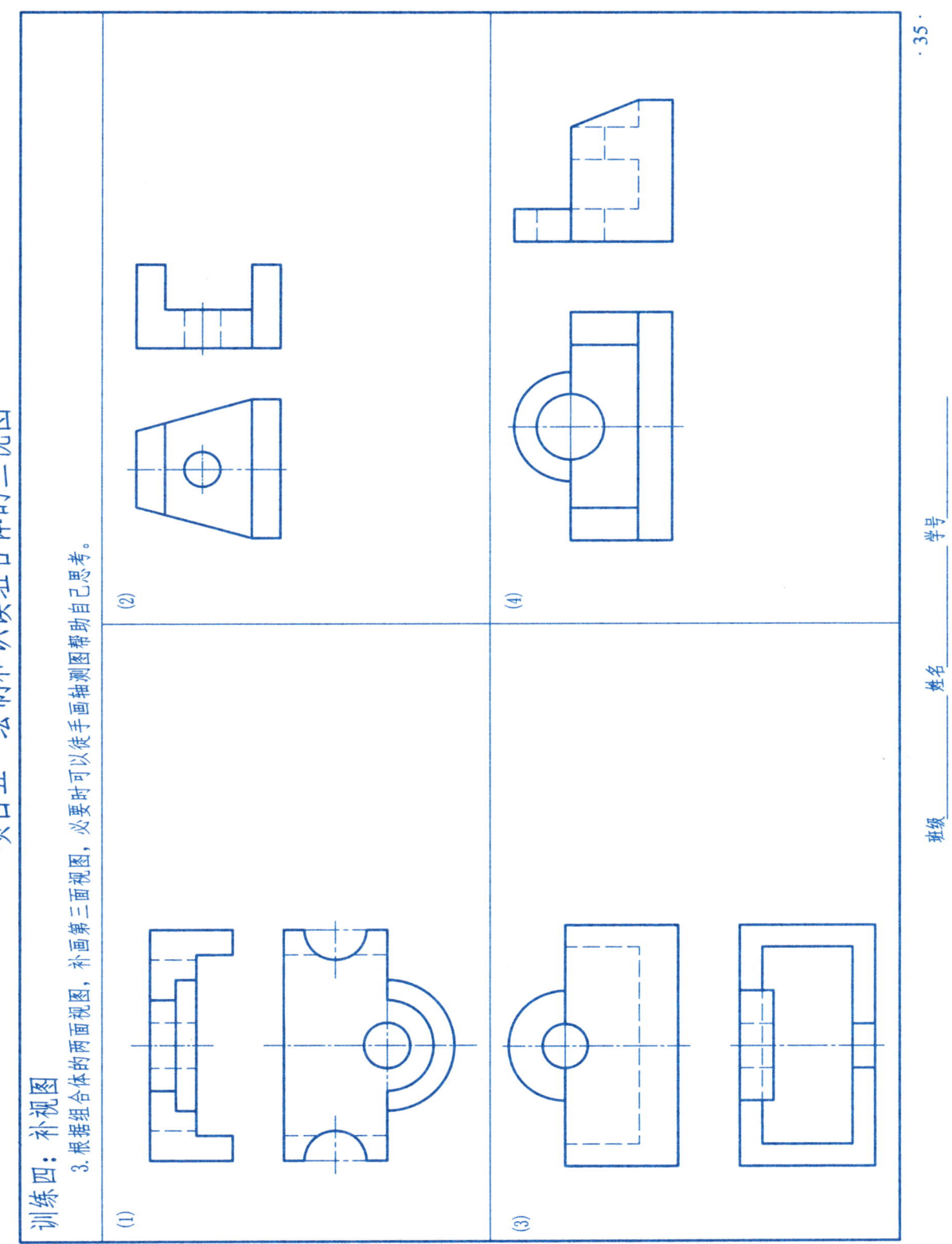

班级＿＿＿＿ 姓名＿＿＿＿ 学号＿＿＿＿

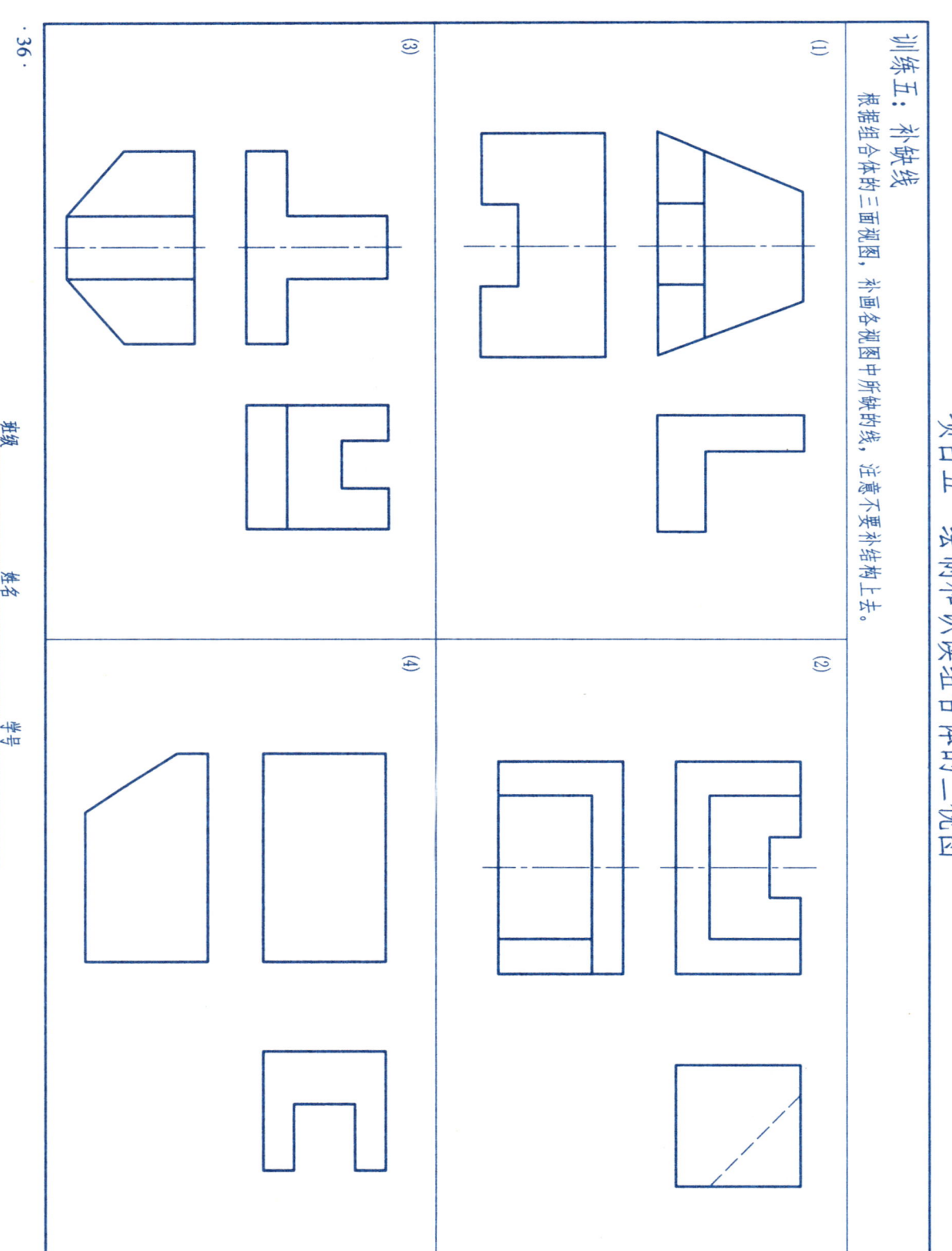

项目六 选择机件的表达方案

训练一：画基本视图

根据立体的主视图、俯视图，补画出左视图、右视图、仰视图和后视图。

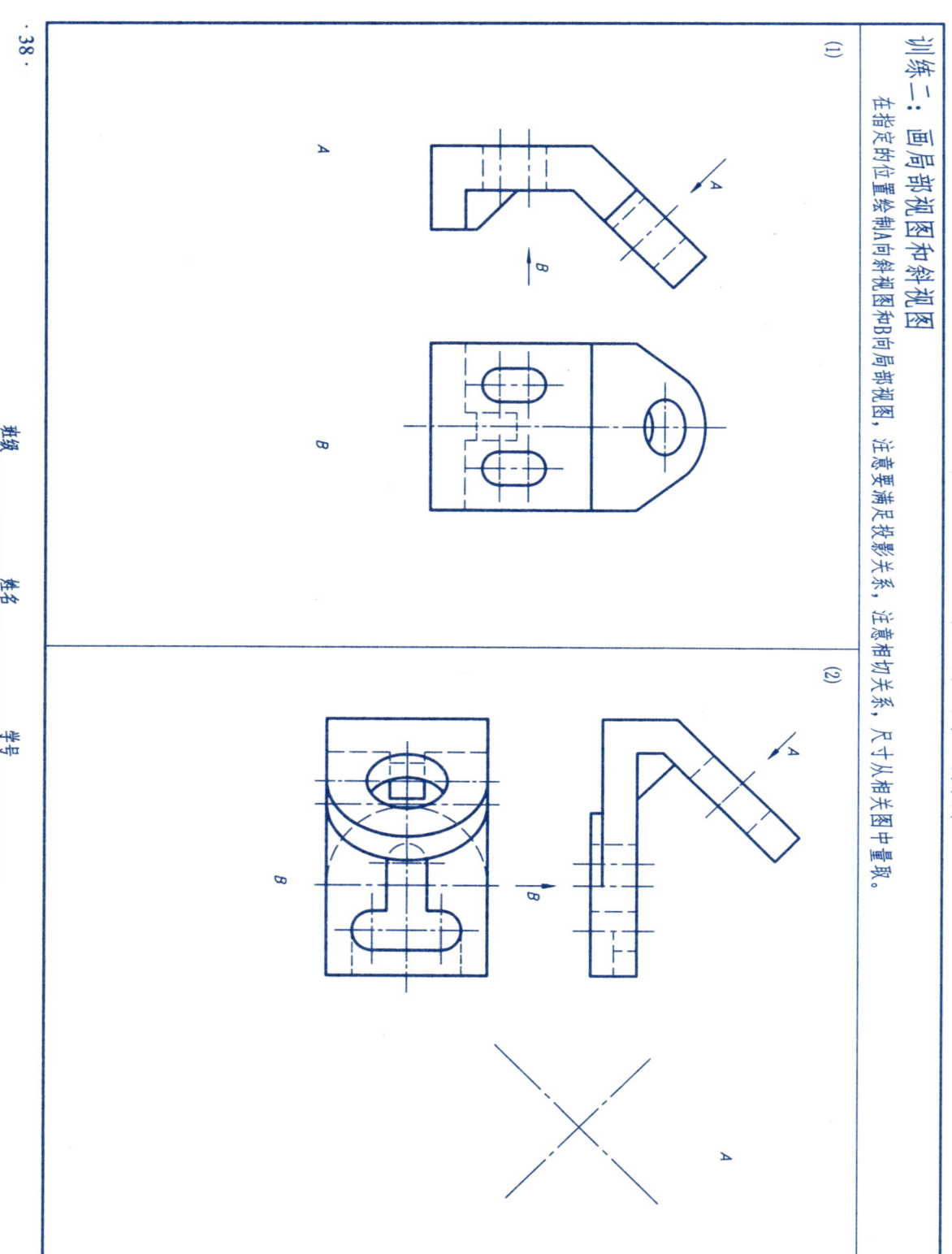

项目六 选择机件的表达方案

训练三：画全剖视图
1. 补画全剖视图中所缺的线。

班级_____ 姓名_____ 学号_____

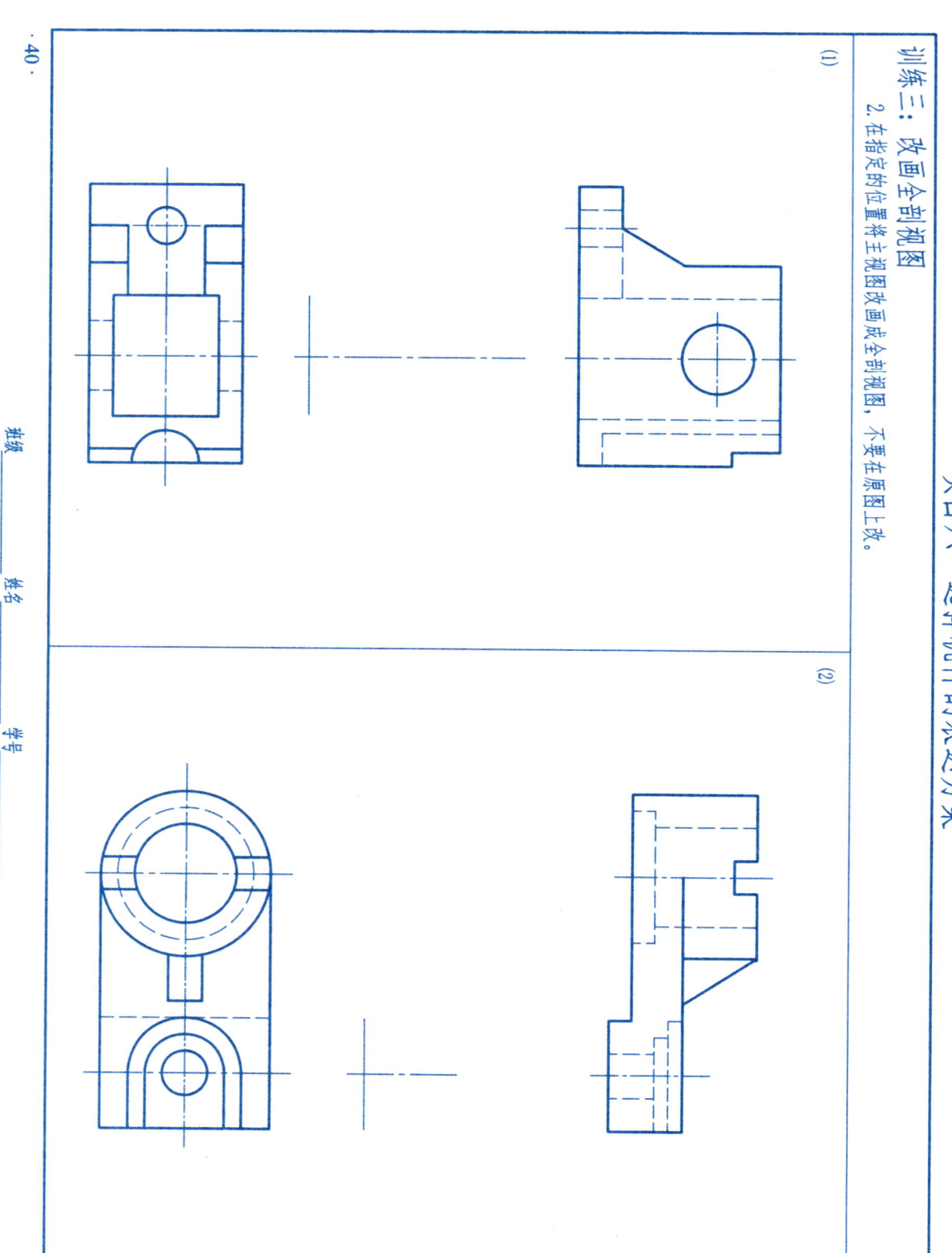

项目六　选择机件的表达方案

训练三：改画全剖视图

2. 在指定的位置将主视图改画成全剖视图，不要在原图上改。

(3)

(4)

班级_____ 姓名_____ 学号_____

项目六 选择机件的表达方案

训练四：画半剖视图

1. 补画半剖视图中所缺的线。

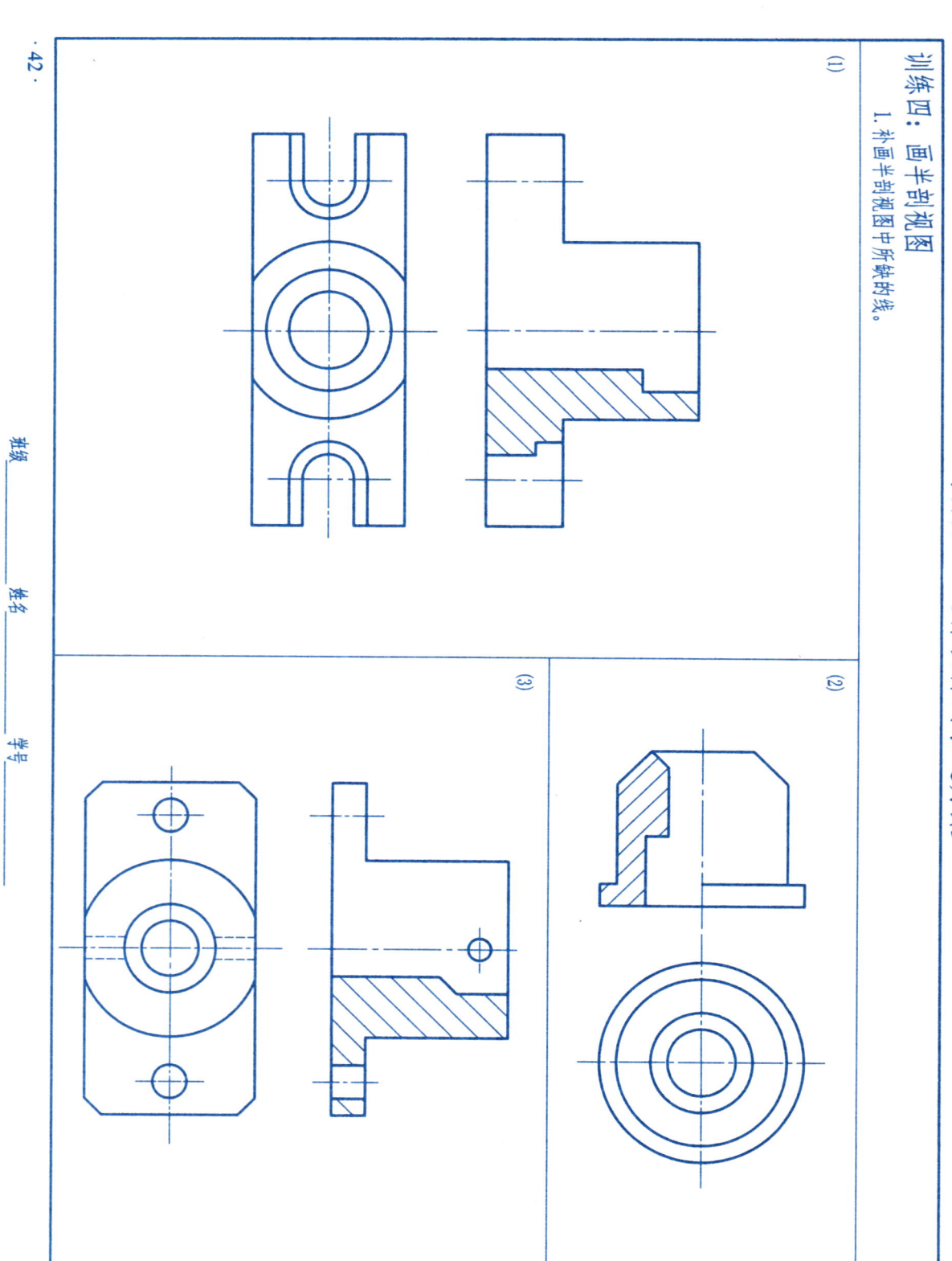

(1)

(2)

(3)

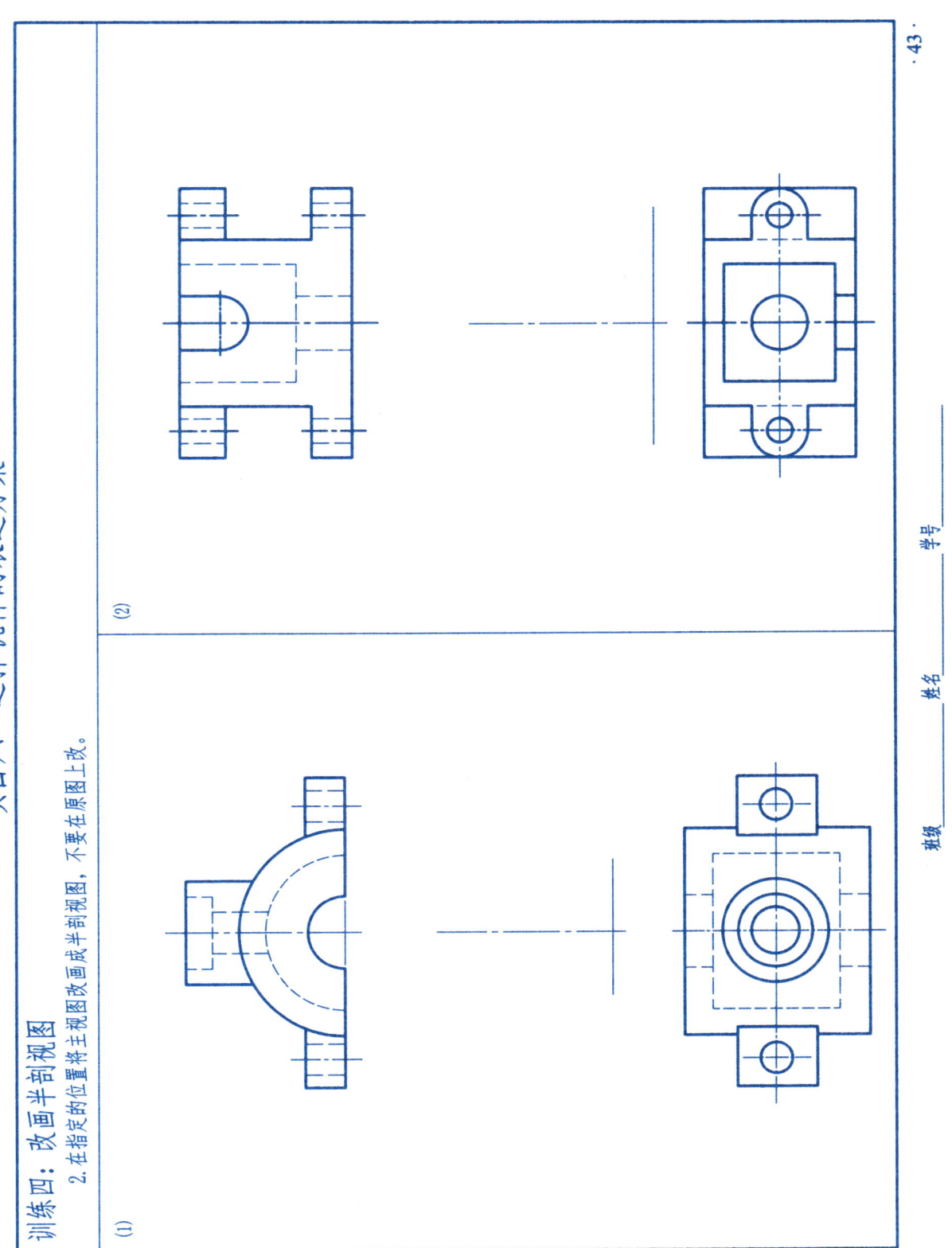

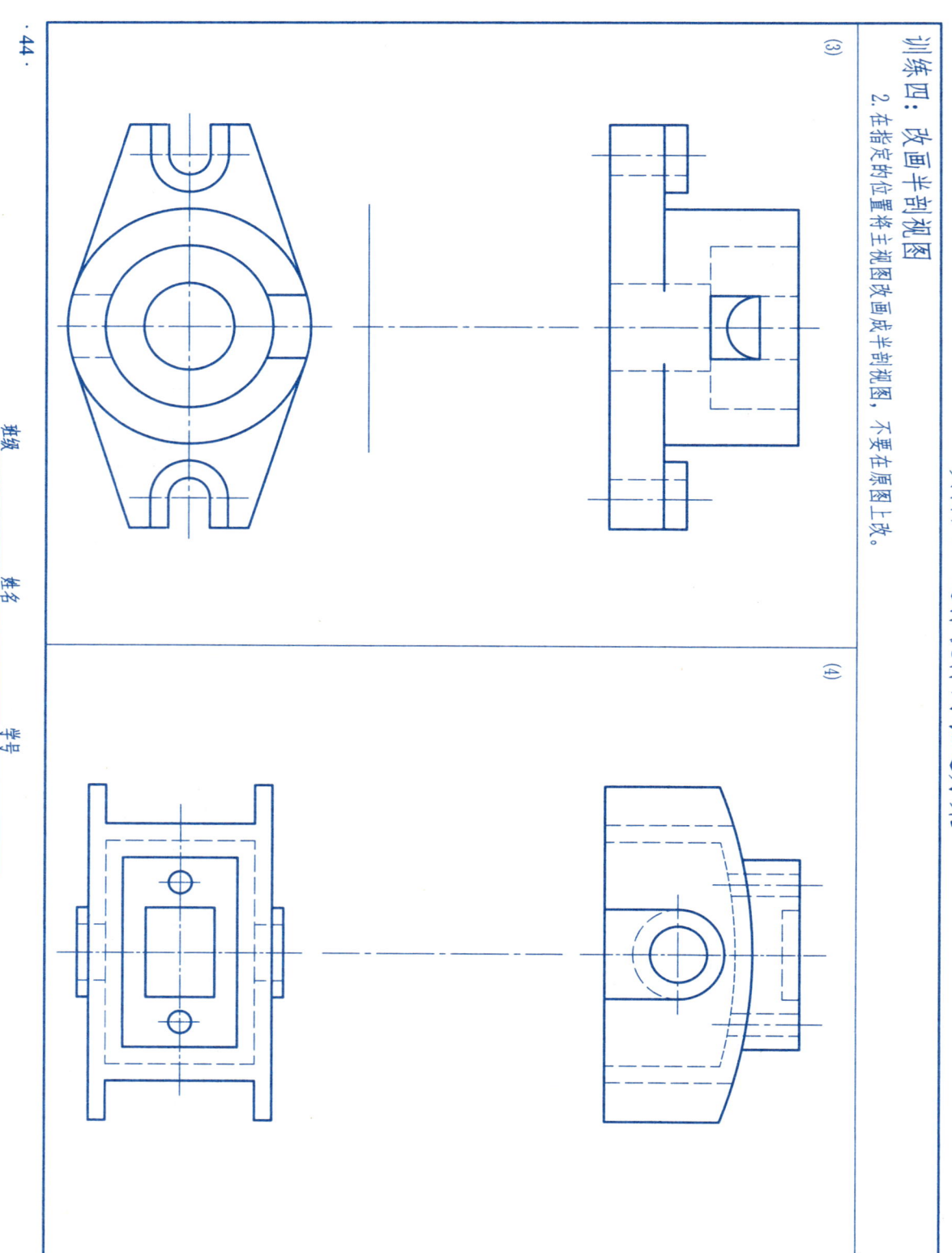

项目六 选择机件的表达方案

训练五：补画剖视图

1. 在指定的位置将主视图改画成半剖视图，并补画全剖的左视图。

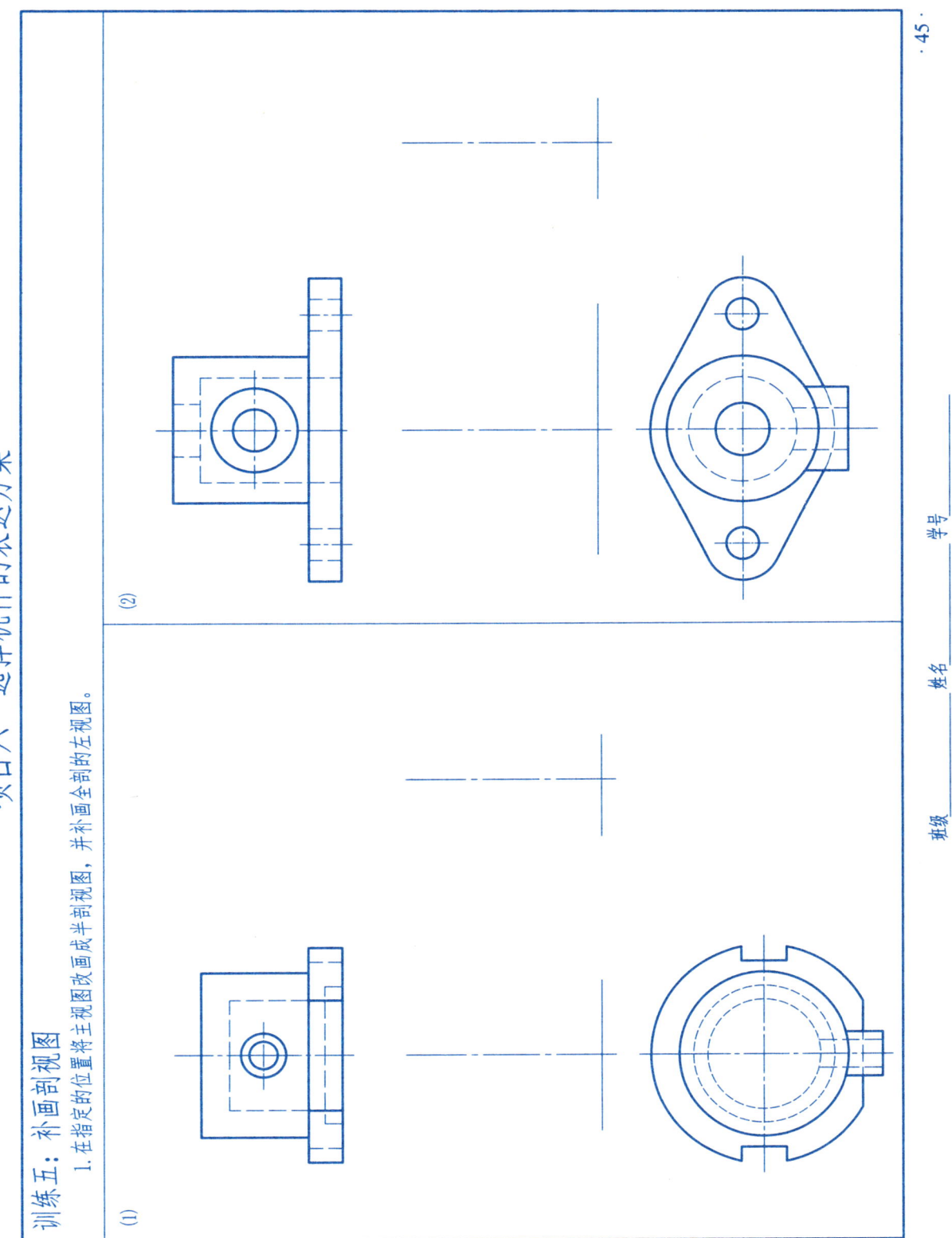

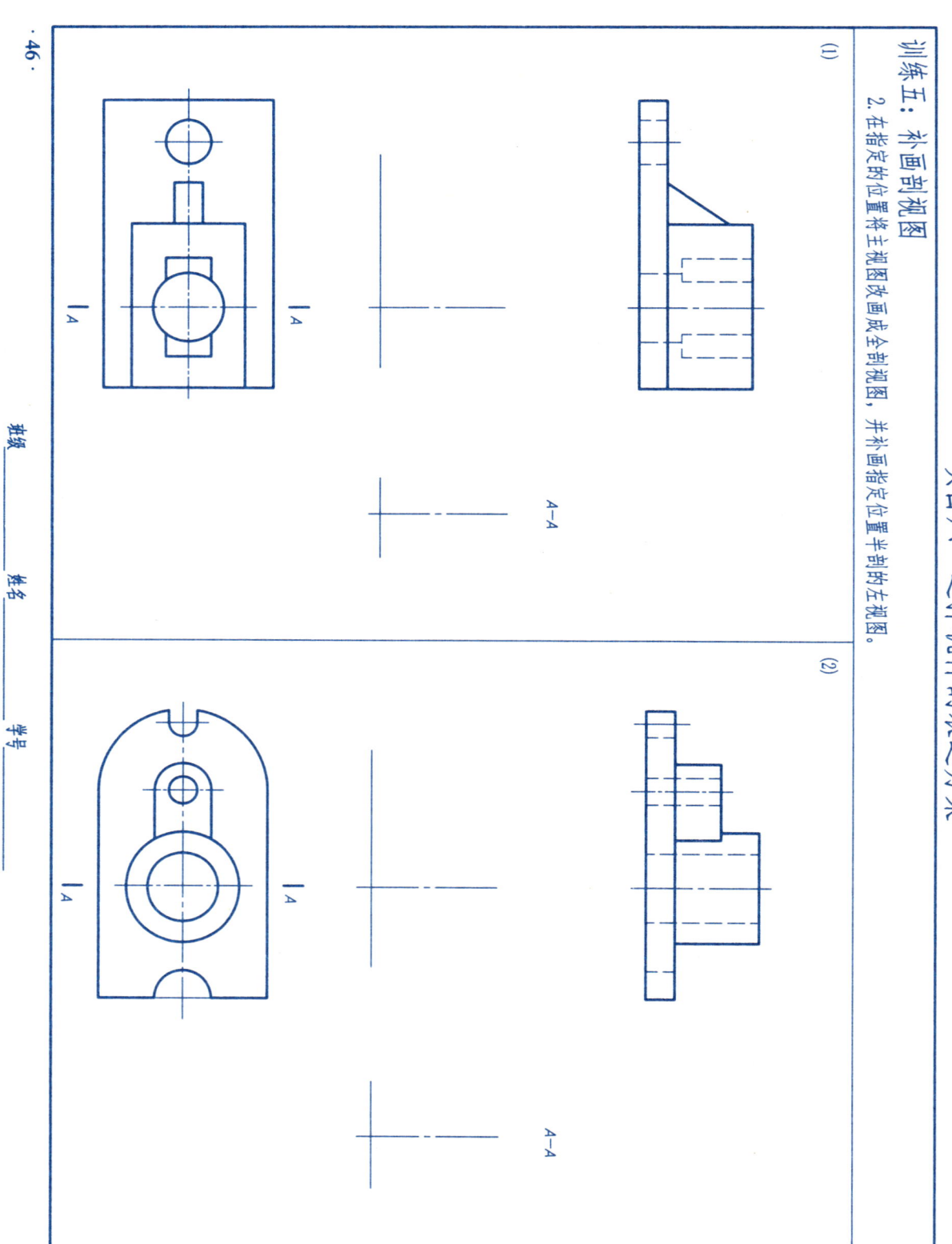

项目六 选择机件的表达方案

训练六：改画局部剖视图

在指定的位置将主视图和俯视图改画成局部剖视图。

班级_____ 姓名_____ 学号_____

项目六 选择机件的表达方案

训练七：画斜剖视图

画出下面视图的 A—A 的剖视图，注意投影关系，尺寸从相关的视图中量取。

(1)

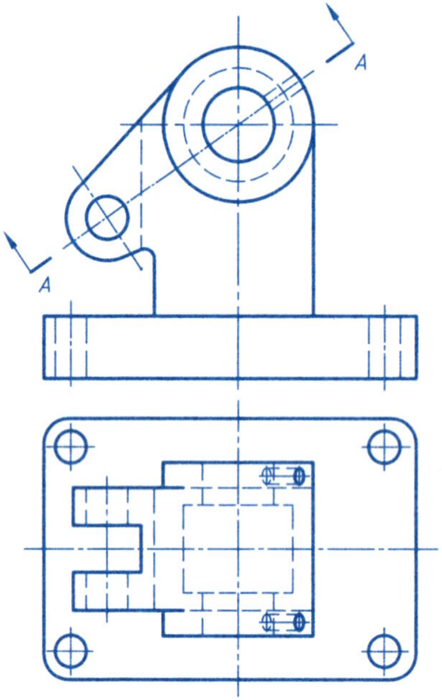

(2)

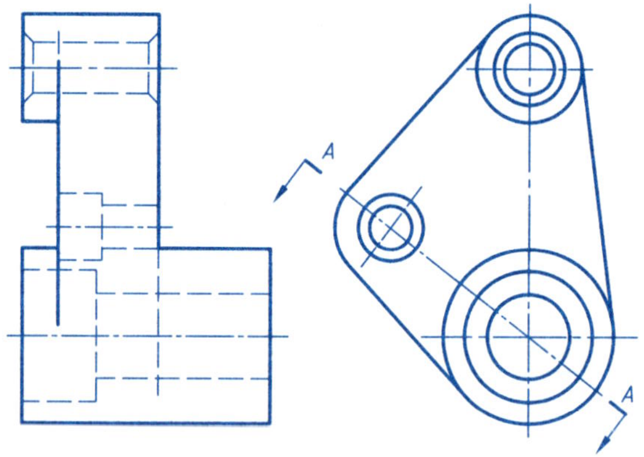

项目六 选择机件的表达方案

训练八：画阶梯剖视图

用几个平行的剖切平面将主视图改画成剖视图，同一类型的孔只需剖开一个，改画剖视图后一定要标注剖切平面的位置。

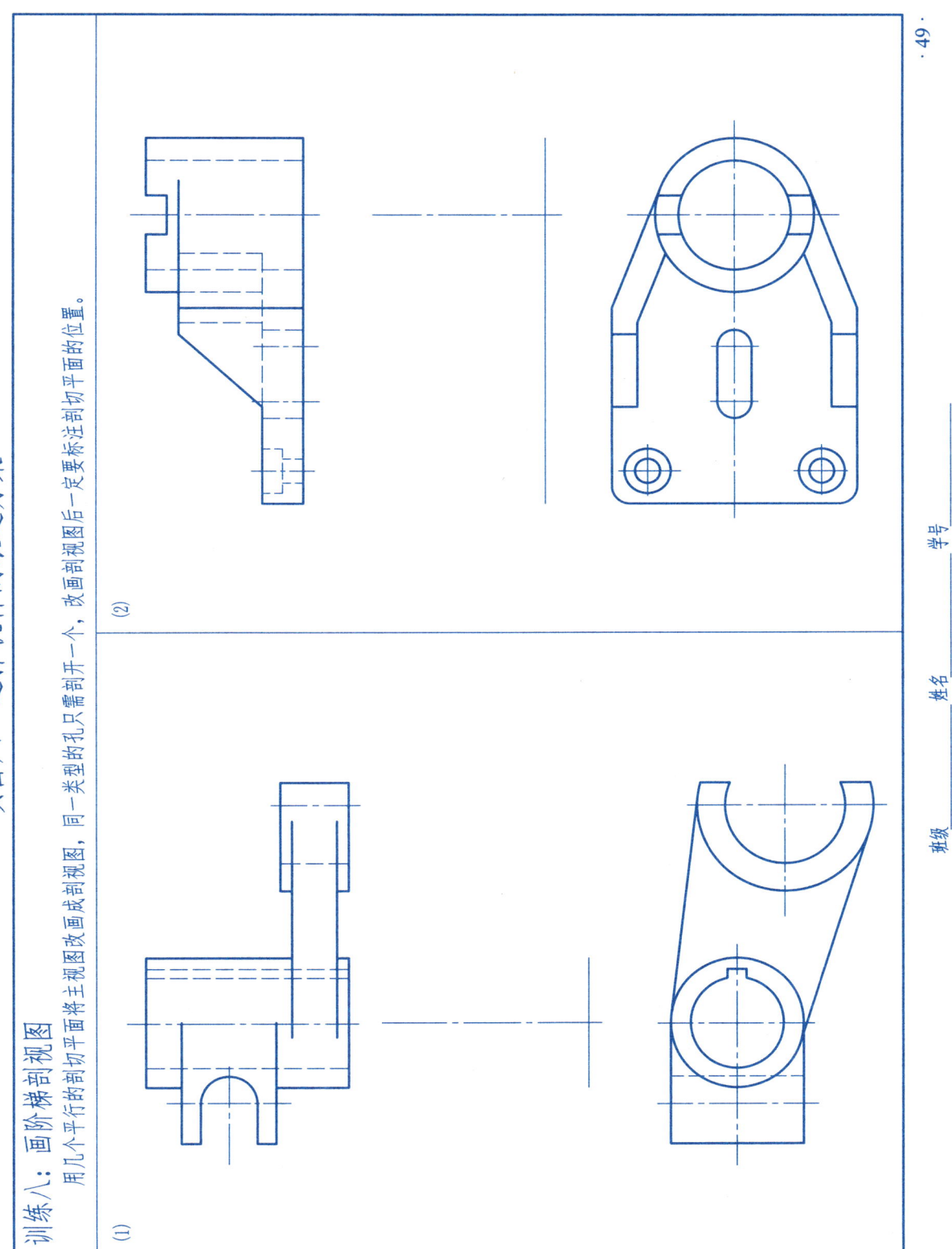

(1)

(2)

班级　　　　姓名　　　　学号

项目六 选择机件的表达方案

训练九：画旋转剖视图

用几个相交的剖切平面将主视图改画成剖视图，先旋转倾斜的被剖结构再改画成剖视图，改画完后的主视图会变长。另外，肋板纵向的剖切要按不剖处理。改画完毕一定要标注剖切平面的位置。

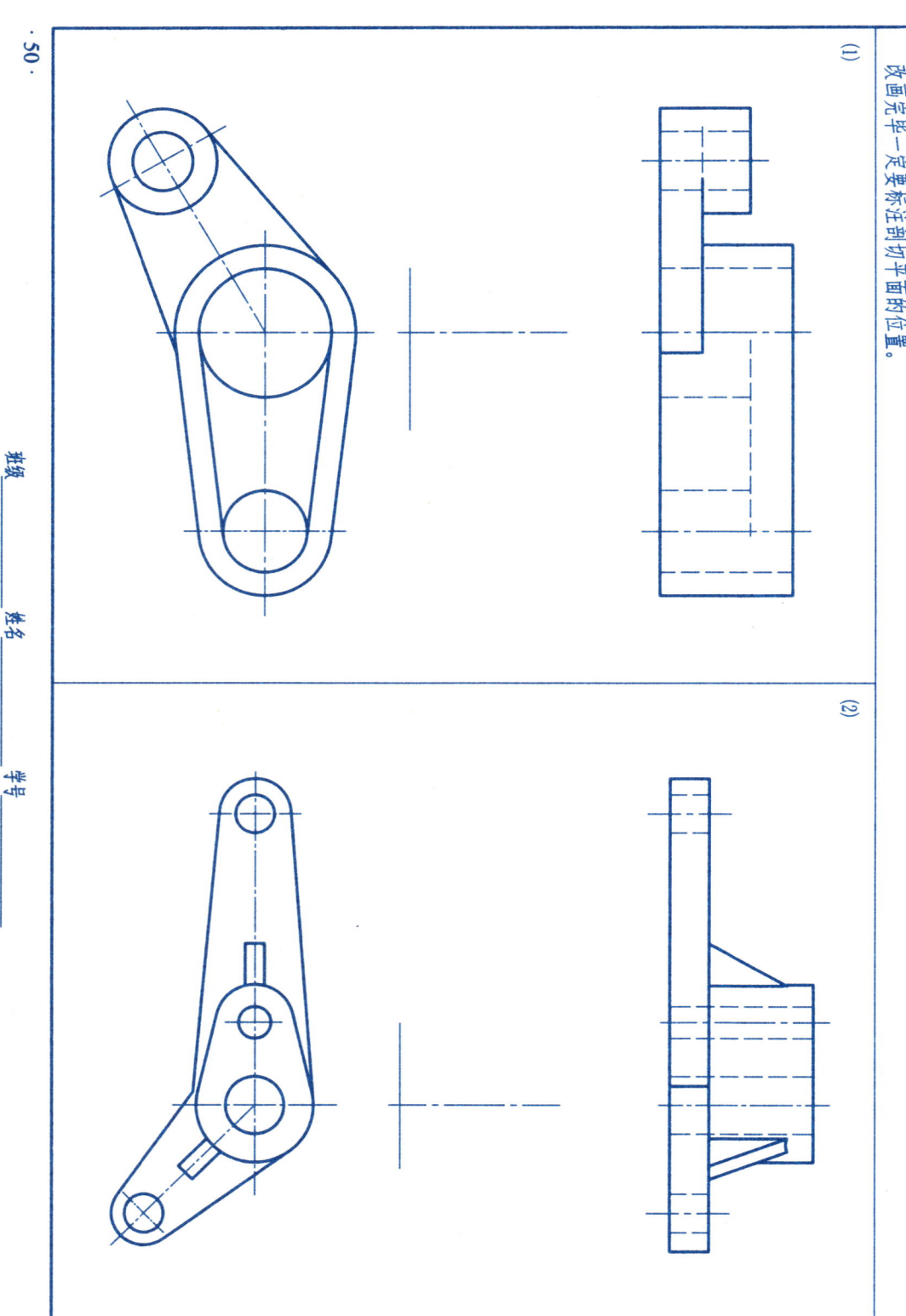

(1)

(2)

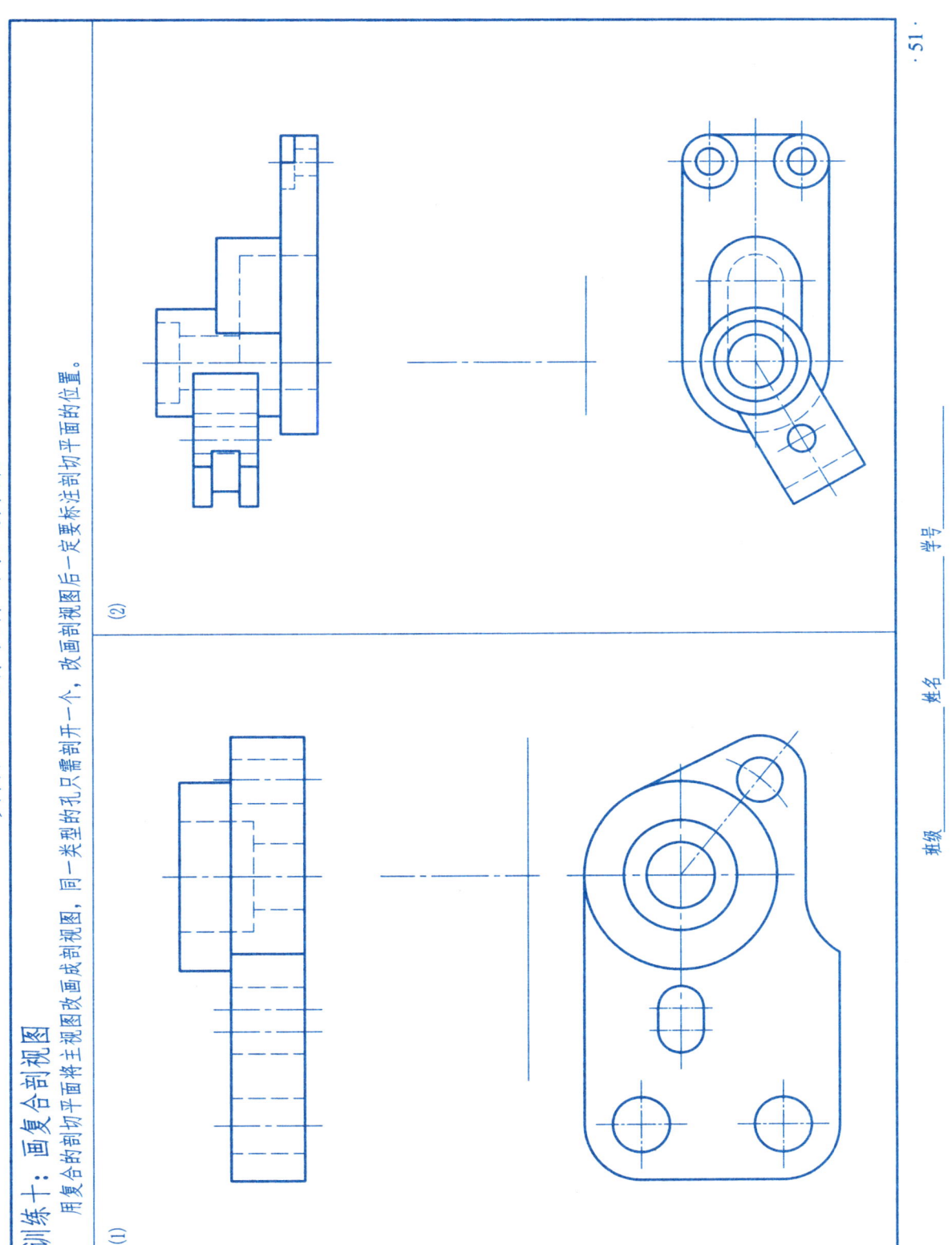

项目六 选择机件的表达方案

训练十一：画断面图
1. 选择正确的断面图。

班级_____ 姓名_____ 学号_____

项目六 选择机件的表达方案

训练十一：画断面图

2. 绘制轴上指定位置的断面图，尺寸从图中量取。一般断面图画在剖切平面的延长线上，不画在延长线的断面图要标注名称。

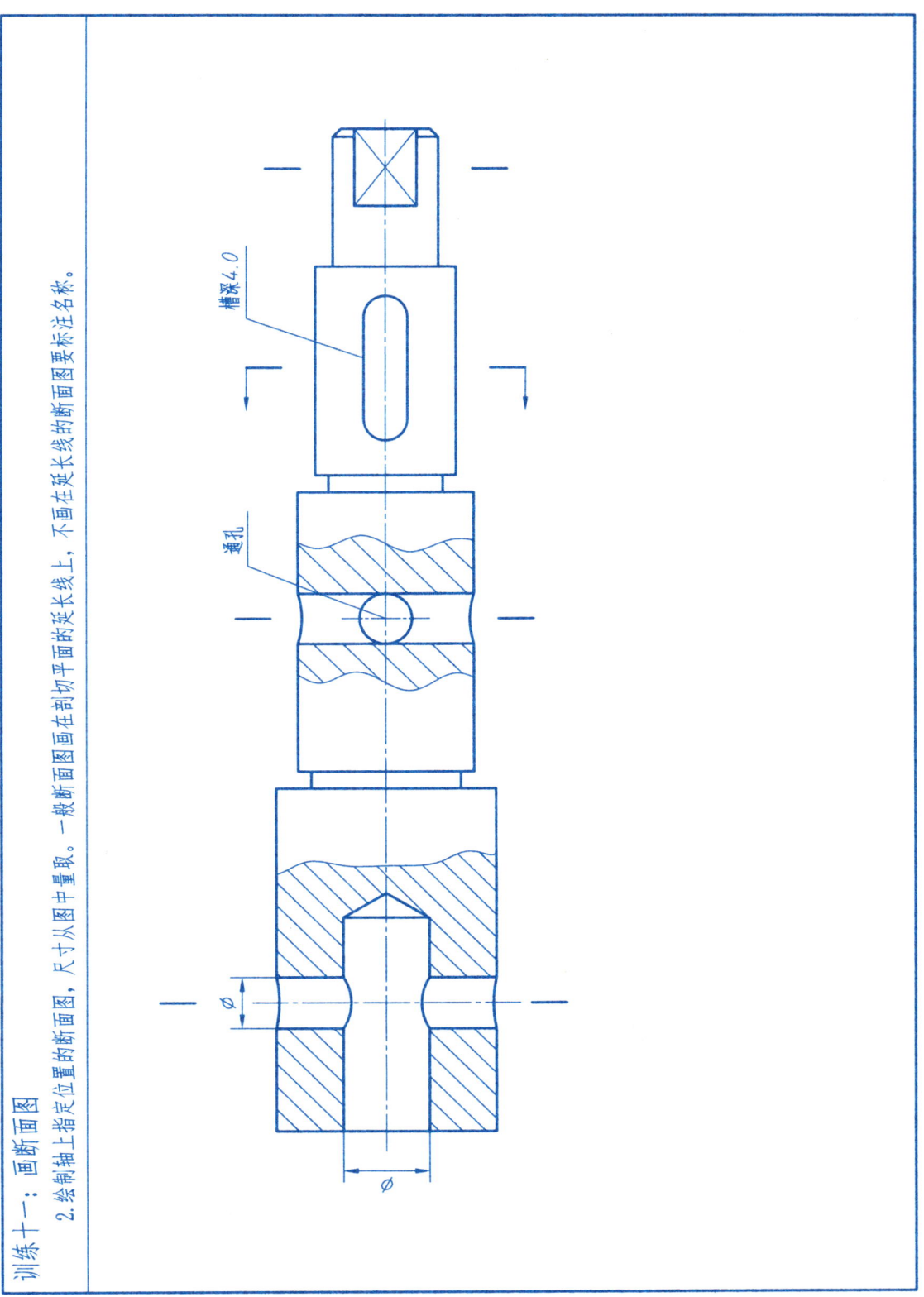

班级_____ 姓名_____ 学号_____

项目六 选择机件的表达方案

训练十二：按规定画法改画剖视图

在指定的位置画出正确的剖视图,注意肋板按纵向剖切按不剖处理,均布孔与肋板不对称也要画成对称。

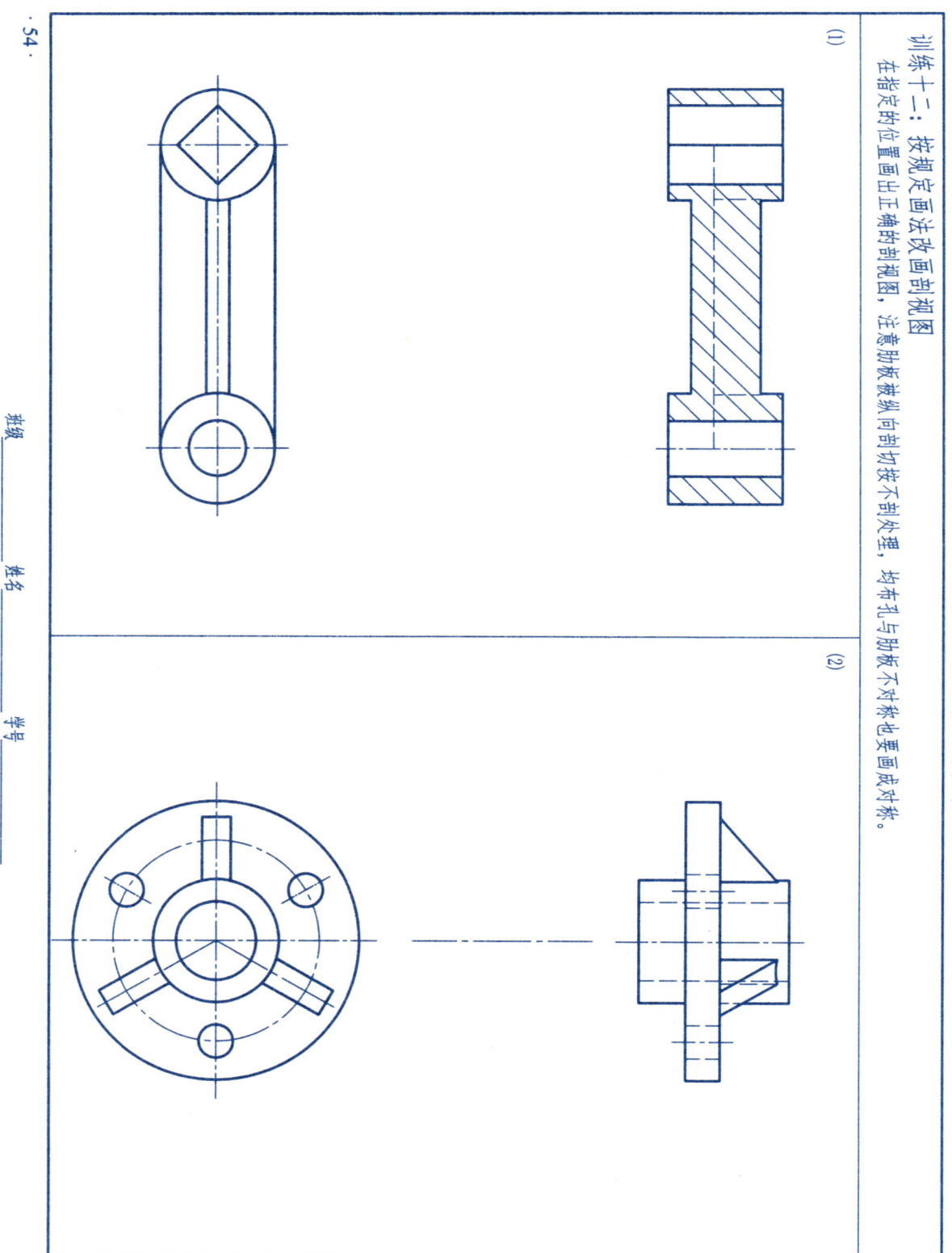

项目六 选择机件的表达方案

训练十二：选择表达方案

由所给的视图，选择合适的表达方案将机件表达清楚，尽量不要画虚线。表达方案不唯一，把机件表达清楚的同时，视图数量尽量少而清晰。将选好的表达方案用A3图纸按1:1比例绘制出来。

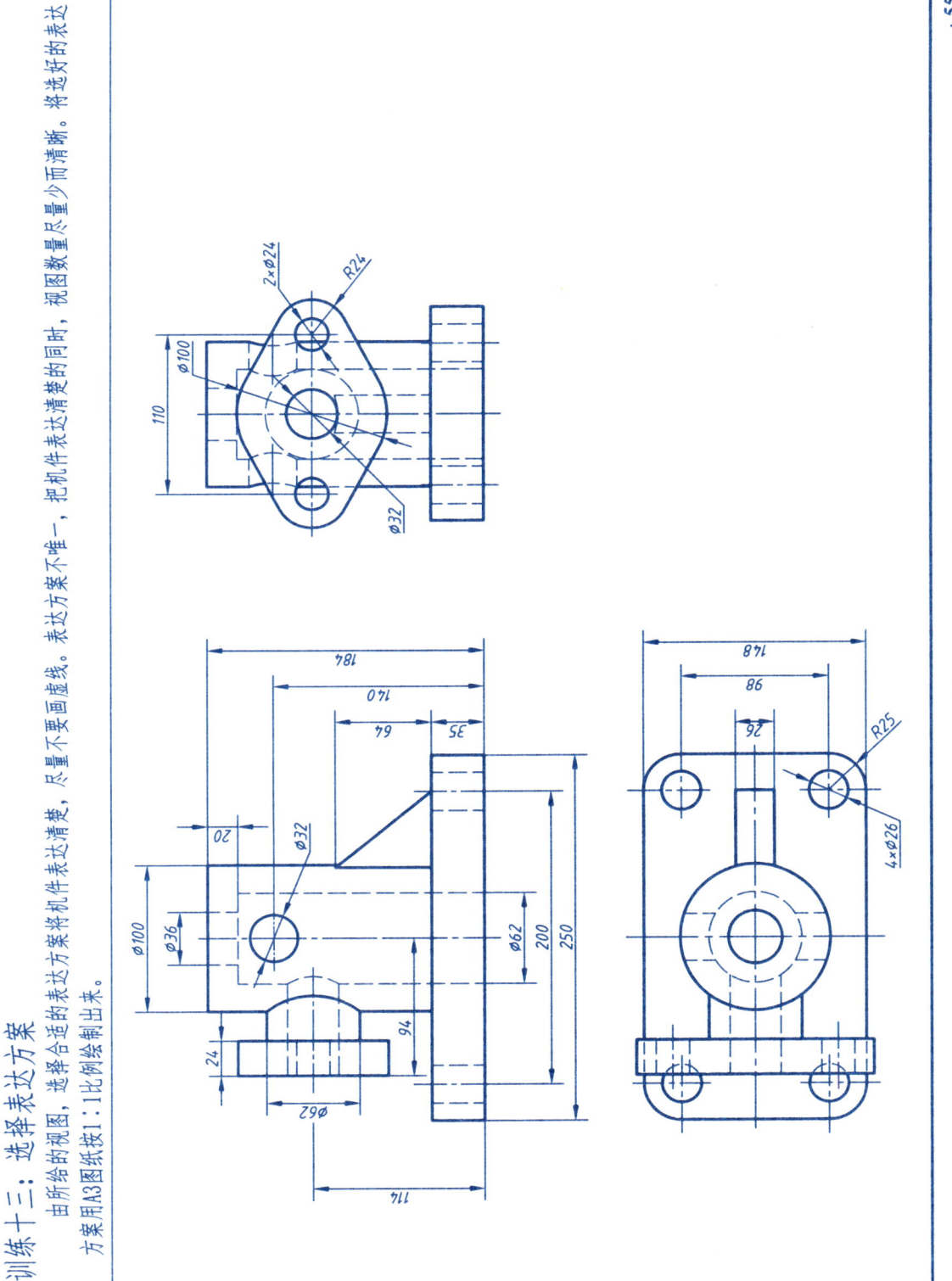

项目六 选择机件的表达方案

训练十四：用第三角投影画图

按第三角投影的画法绘制指定的视图。第三角投影优先采用前视图、顶视图、右视图。

(1) 补画顶视图（俯视图）。

(2) 补画右视图。

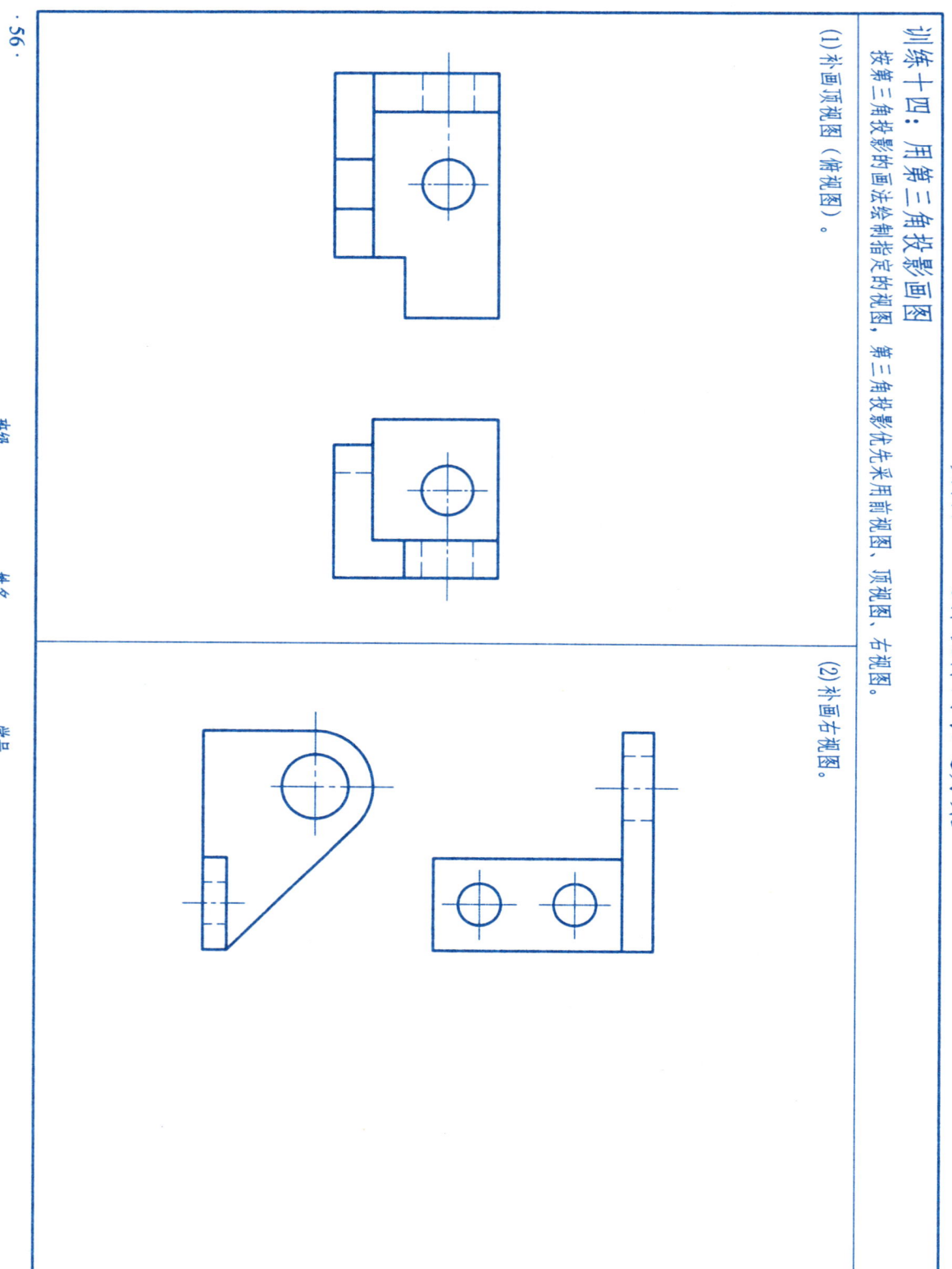

项目七 认识标准件和常用件

训练一：画螺纹及螺纹连接图

1. 改正下面螺纹及螺纹连接画法的错误，不要在原图上改。注意内外螺纹大小径及螺纹终止线的画法，不通的孔画120°，剖面线画到粗实线为止。螺纹连接处按外螺纹绘制。

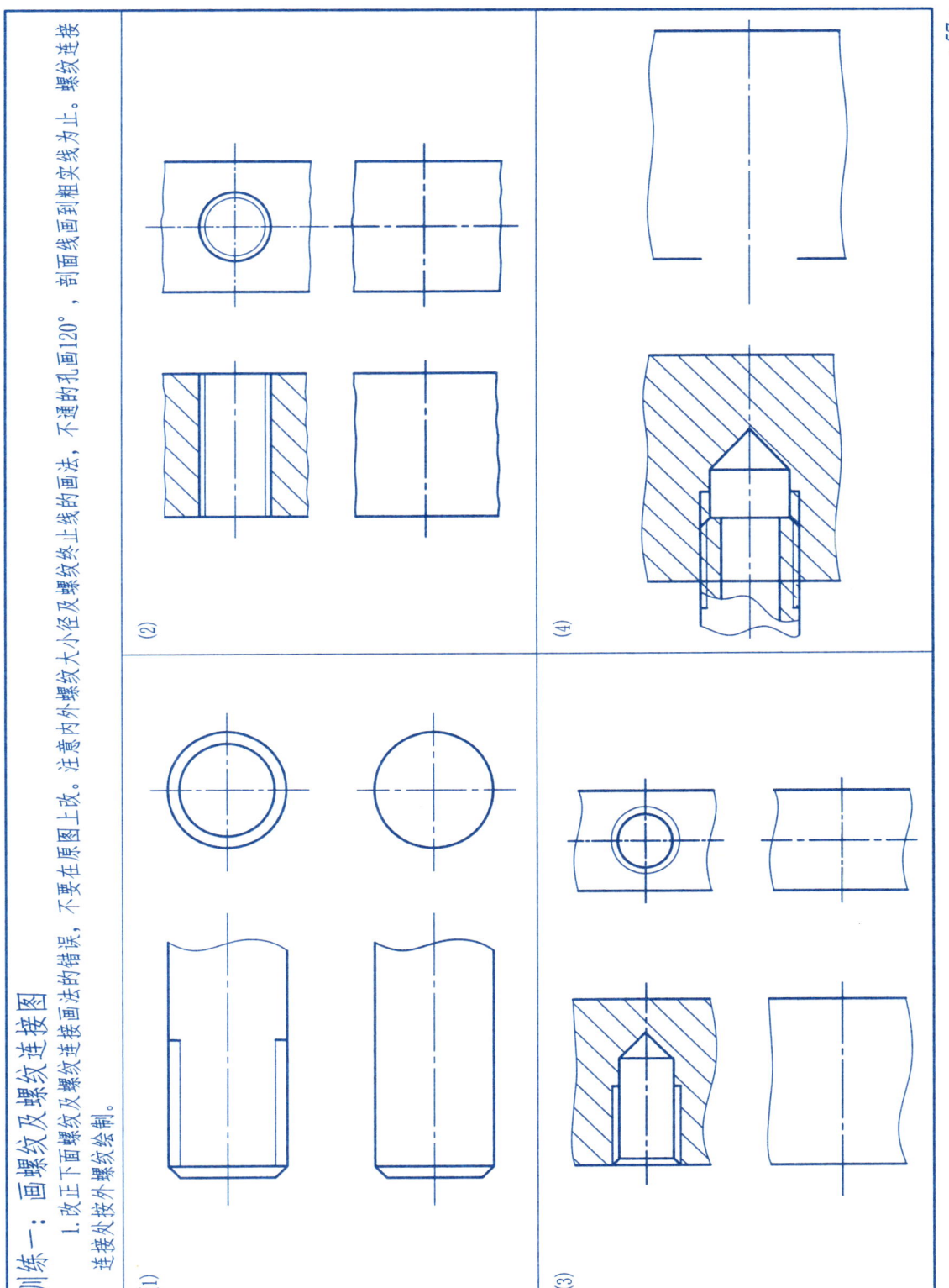

项目七 认识标准件和常用件

训练一：螺纹的标注
根据给出的参数，标注螺纹代号，标注在尺寸线上，管螺纹标注在引线上。

(1) 粗牙普通螺纹，大径24 mm，螺距3 mm，单线，右旋，中径公差代号5g，顶径公差代号6g。

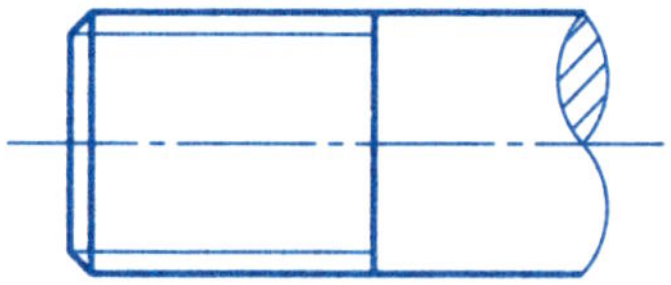

(2) 梯形螺纹，公称直径26 mm，螺距5 mm，双线，左旋。

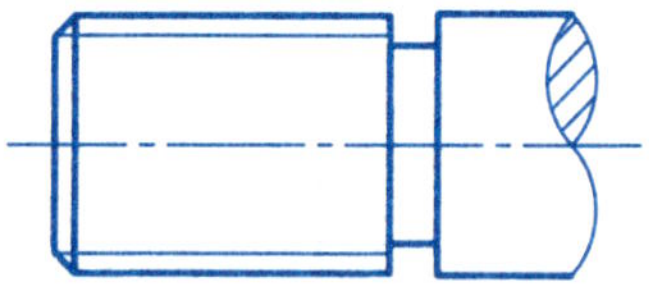

(3) 细牙普通螺纹，大径24 mm，螺距1.5 mm，单线，左旋，中径及顶径公差代号均为6H。

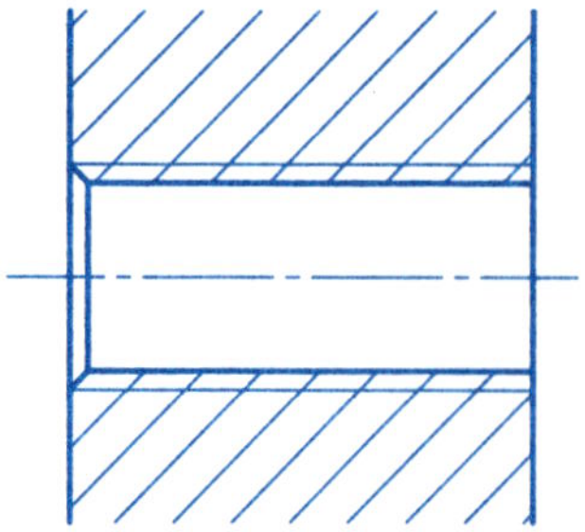

(4) 非螺纹密封用管螺纹，尺寸代号3/4，螺距1.814 mm，公差等级B。

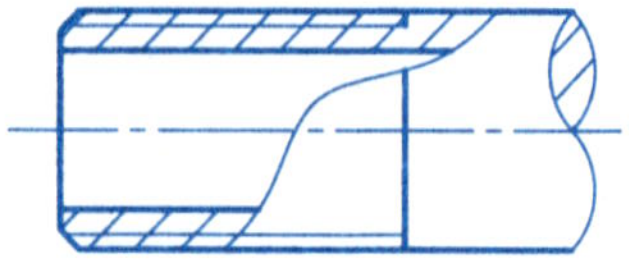

训练二：螺纹标注的识读
根据图中螺纹标注的标记，说明螺纹各个要素的含义。

(1) M12×1.5-7H-L

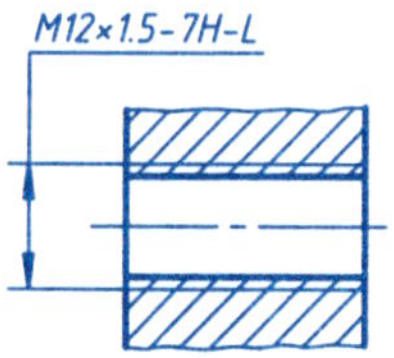

该螺纹为（　　）螺纹；
公称直径为（　　）；
螺距为（　　）；
线数为（　　）；
旋向为（　　）；
7H为（　　）；
L为（　　）。

(2) Tr36×12(p6)-7H

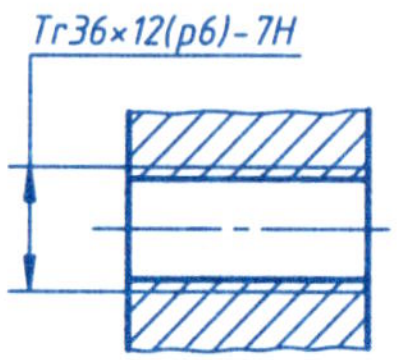

该螺纹为（　　）螺纹；
公称直径为（　　）；
螺距为（　　）；
线数为（　　）；
旋向为（　　）；
7H为（　　）。

(3) G1/2A

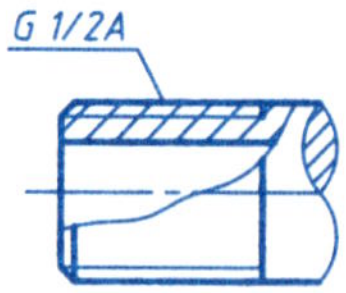

该螺纹为（　　）螺纹；
1/2为（　　）；
旋向为（　　）；
A为（　　）。

(4) Rc3/4LH

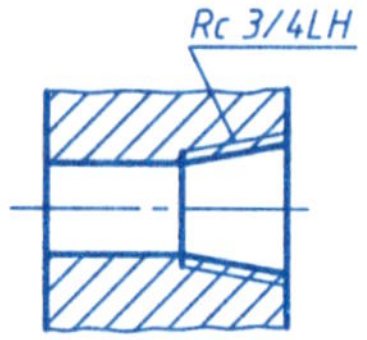

该螺纹为（　　）螺纹；
3/4为（　　）；
旋向为（　　）。

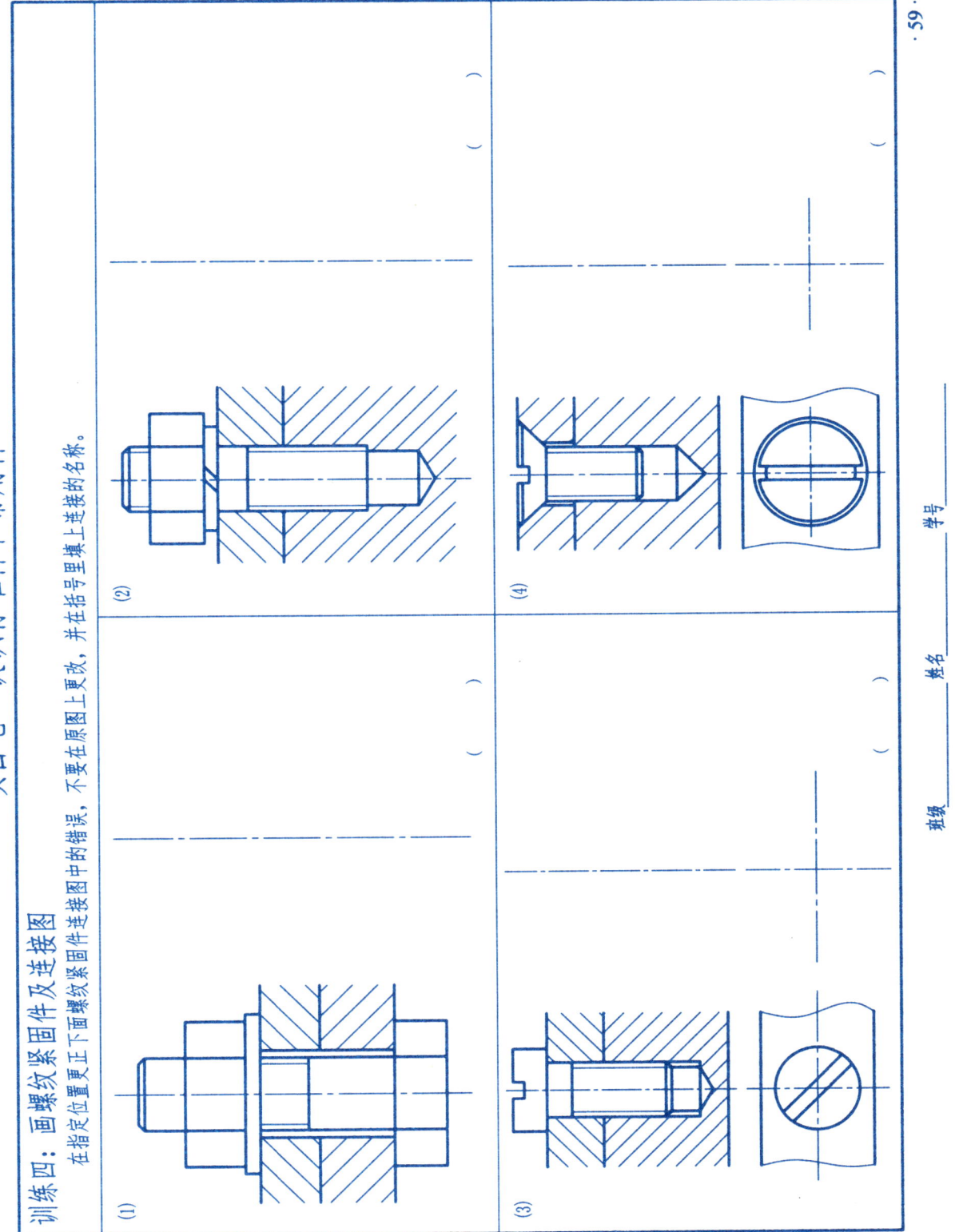

项目七 认识标准件和常用件

训练五：画平键连接图

已知齿轮和轴用A型普通平键连接，键的长度为20 mm，查表注出键槽的尺寸，在指定位置补画断面图，补全键连接图，并写出键的规定标记。

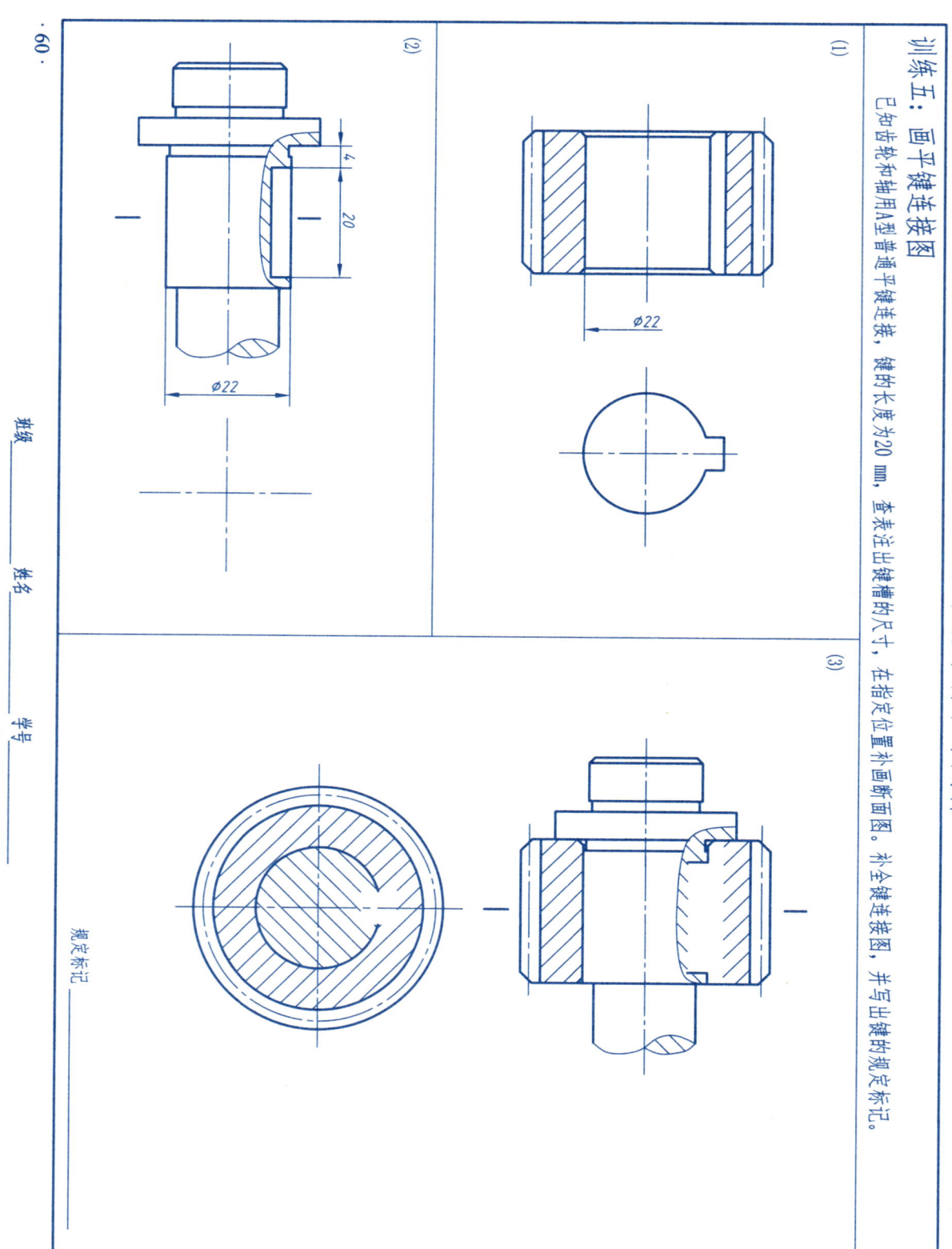

班级_____ 姓名_____ 学号_____ 规定标记_____

项目七 认识标准件和常用件

训练六：画销连接图

(1) 用 φ10 的圆柱销连接这两个零件，并写出销的标记。

(2) 用 φ8 的圆锥销连接这两个零件，并写出销的标记。

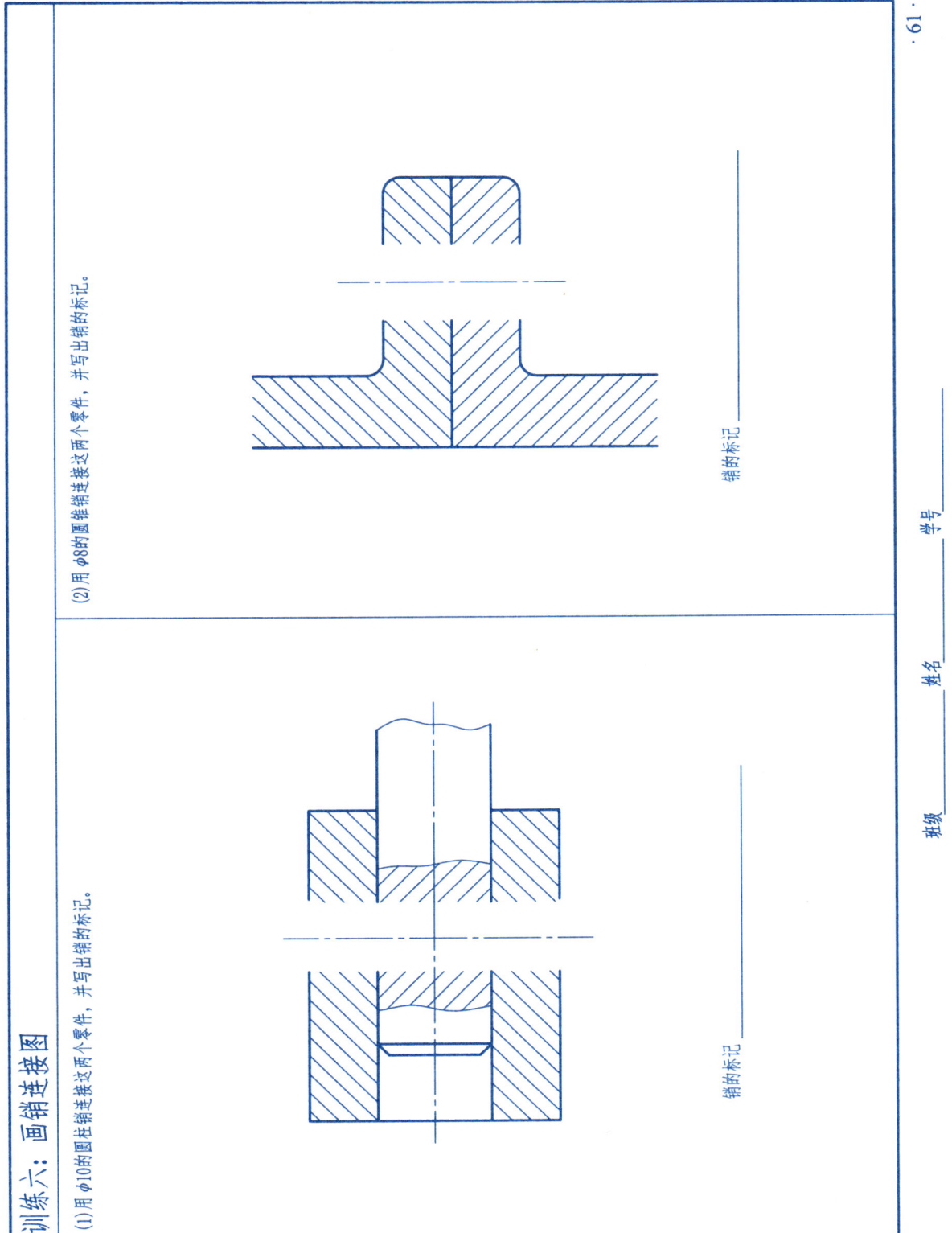

销的标记_____

销的标记_____

班级_____ 姓名_____ 学号_____

项目七 认识标准件和常用件

训练七：画圆柱齿轮

已知标准直齿圆柱齿轮模数 $m=3$ mm，$z=30$，计算确定各部分尺寸，按1：1的比例补画其两面视图。注意齿顶圆、分度圆、齿根圆的规定画法。

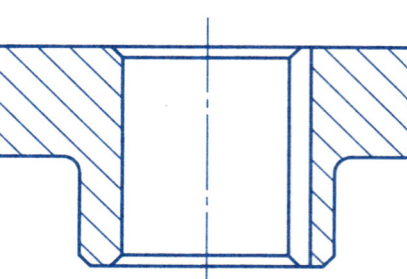

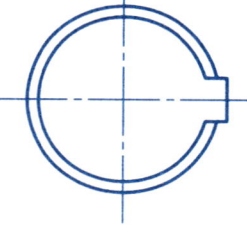

班级　　　　姓名　　　　学号

项目七 认识标准件和常用件

训练八：画齿轮啮合图

已知直齿圆柱大齿轮 m=4 mm，大齿轮 z_1=40，小齿轮 z_2=20，试计算大、小齿轮的基本尺寸，并按1:2的比例补全齿轮啮合部分的投影。注意啮合区的画法，有5条线，其中一条是细点画线，一条是细虚线。

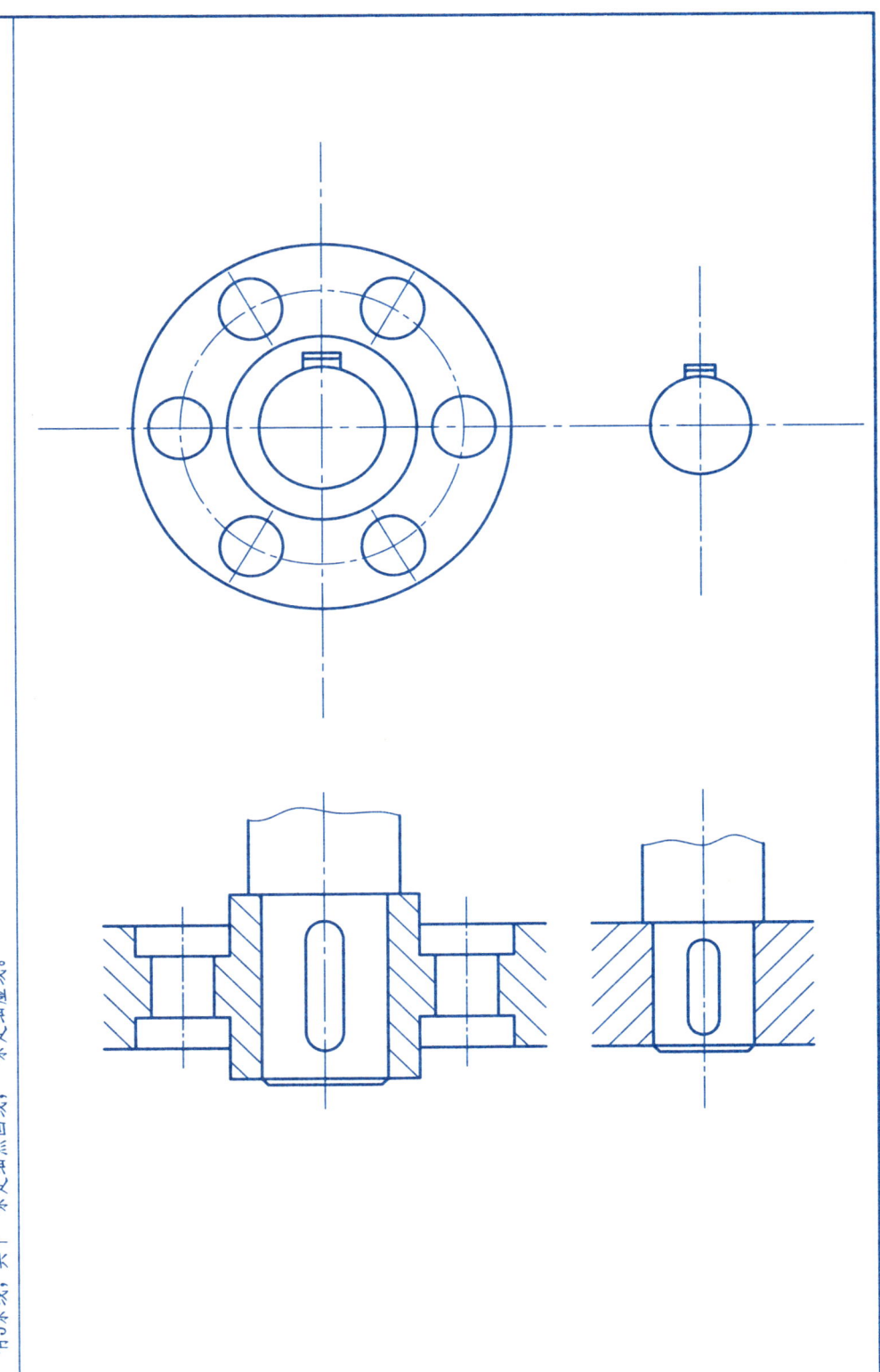

项目七 认识标准件和常用件

训练九：画弹簧

已知圆柱螺旋压缩弹簧的中径为52 mm，弹簧直径为8 mm，节距t为18 mm，H=104 mm，试画其全剖的主视图。

训练十：画滚动轴承

先根据轴承的代号查出轴承的外圈尺寸和宽度，用简化画法画出规定型号的轴承。

(1) 试用简化画法画出6204轴承（左端面紧靠轴肩）（深沟球轴承）。

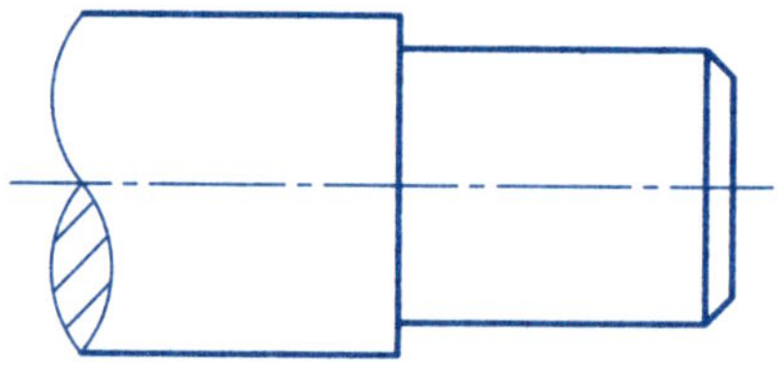

(2) 试用简化画法画出30204轴承（左端面紧靠轴肩）（圆锥滚子轴承）。

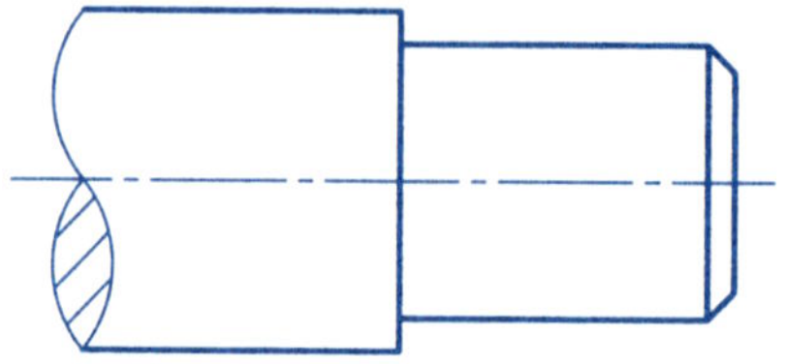

项目八 绘制和识读零件图

训练一：画从动轴的零件图

如下图所示为齿轮油泵从动轴的轴测图，从动轴的材料为45号钢；从动轴两端都有倒角，倒角大小为C1；该从动轴的左端与泵盖及从动齿轮的孔是配合关系，配合代号都为 φ18H7/f6；从动轴的右端与泵体的孔也是配合关系，配合代号为 φ20H7/p6。

先回答以下问题：

1. 从动轴左端与泵盖的配合是 _____ 制 _____ 配合，查表可确定从动轴的左端的上偏差为 _____ ，下偏差为 _____ ，公差等级为 _____ ，公差值为 _____ 。

2. 从动轴右端与泵体的配合是 _____ 制 _____ 配合，查表可确定从动轴的右端的上偏差为 _____ ，下偏差为 _____ ，公差等级为 _____ ，公差值为 _____ 。

在下方绘制 φ20H7/p6中孔和轴的公差带图。

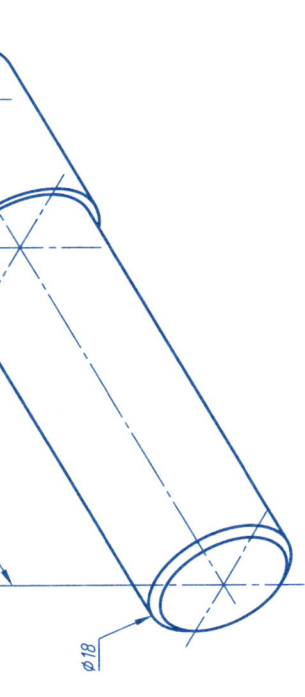

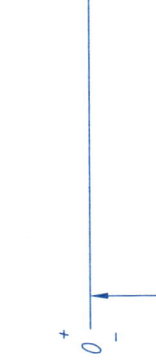
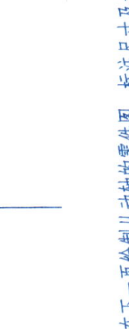

在下一页绘制从动轴的零件图，标注尺寸及技术要求，并按要求填写标题栏：

1. 由配合代号标注轴的尺寸公差；
2. φ18圆柱面面表面粗糙度为Ra1.6，φ20圆柱面面表面粗糙度为Ra6.3，φ18与φ20的精面表面粗糙度为Ra3.2，其余表面粗糙度为Ra12.5。
3. 左端φ18圆柱面的轴线相对于右端φ20圆柱面的轴线的圆跳动公差值为φ0.01。

班级 _____ 姓名 _____ 学号 _____

项目八 绘制和识读零件图

训练一：画从动轴的零件图（接上页）

班级		比例	
制图		材料	
审核		成绩	

班级_____ 姓名_____ 学号_____

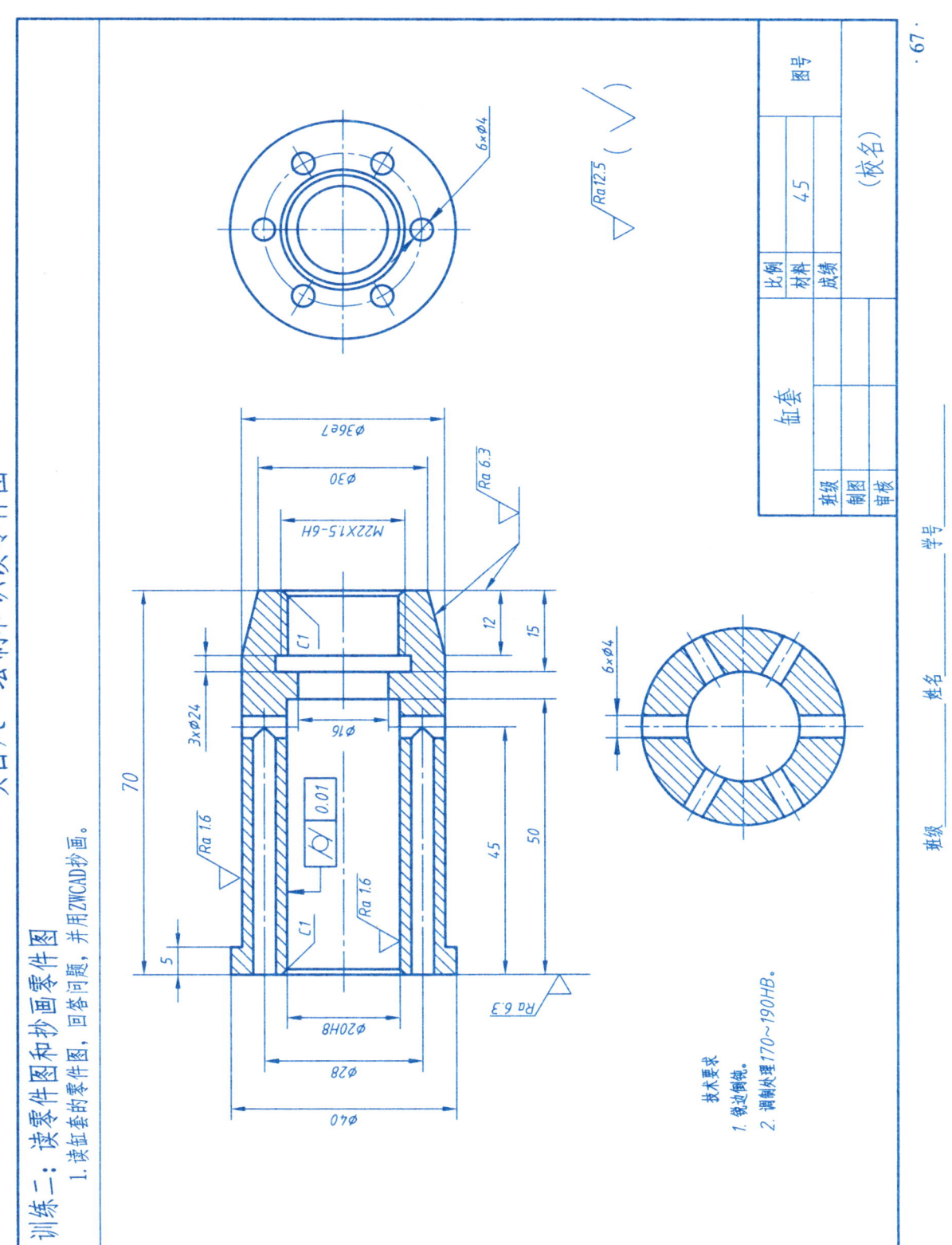

项目八 绘制和识读零件图

训练二：读零件图和抄画零件图（接上页）

1. 读位套的零件图，回答问题，并用ZWCAD抄画。

(1) 该零件的名称为_____，材料为_____，属于_____类零件。

(2) 该零件采用了_____个图形来表达，名称为主视图、_____、_____。其中，主视图采用_____剖。

(3) 在图中标出该零件的主要尺寸基准。

(4) 图中3×φ24，3表示_____，φ24表示_____。

(5) φ20H8表示的是基准孔，其基本尺寸为_____，基本偏差代号为_____，公差等级为_____，公差值为_____，上偏差为_____，下偏差为_____。

(6) 解释M22×1.5-6H的含义：M表示_____，22表示_____，1.5表示_____，6H表示_____。

(7) 图中两处6×φ4的孔的定位尺寸分别是_____。

(8) ⌀ 0.01 表示的含义是_____。

(9) 图中表面粗糙度要求最高的表面是_____，其表面粗糙度值为_____。

(10) 右下角 ∽√(Ra12.5)（√）的含义是_____。

班级_____ 姓名_____ 学号_____

项目八 绘制和识读零件图

训练二：读零件图和抄画零件图

2. 读调节盘的零件图，先回答问题，然后用ZWCAD抄画。

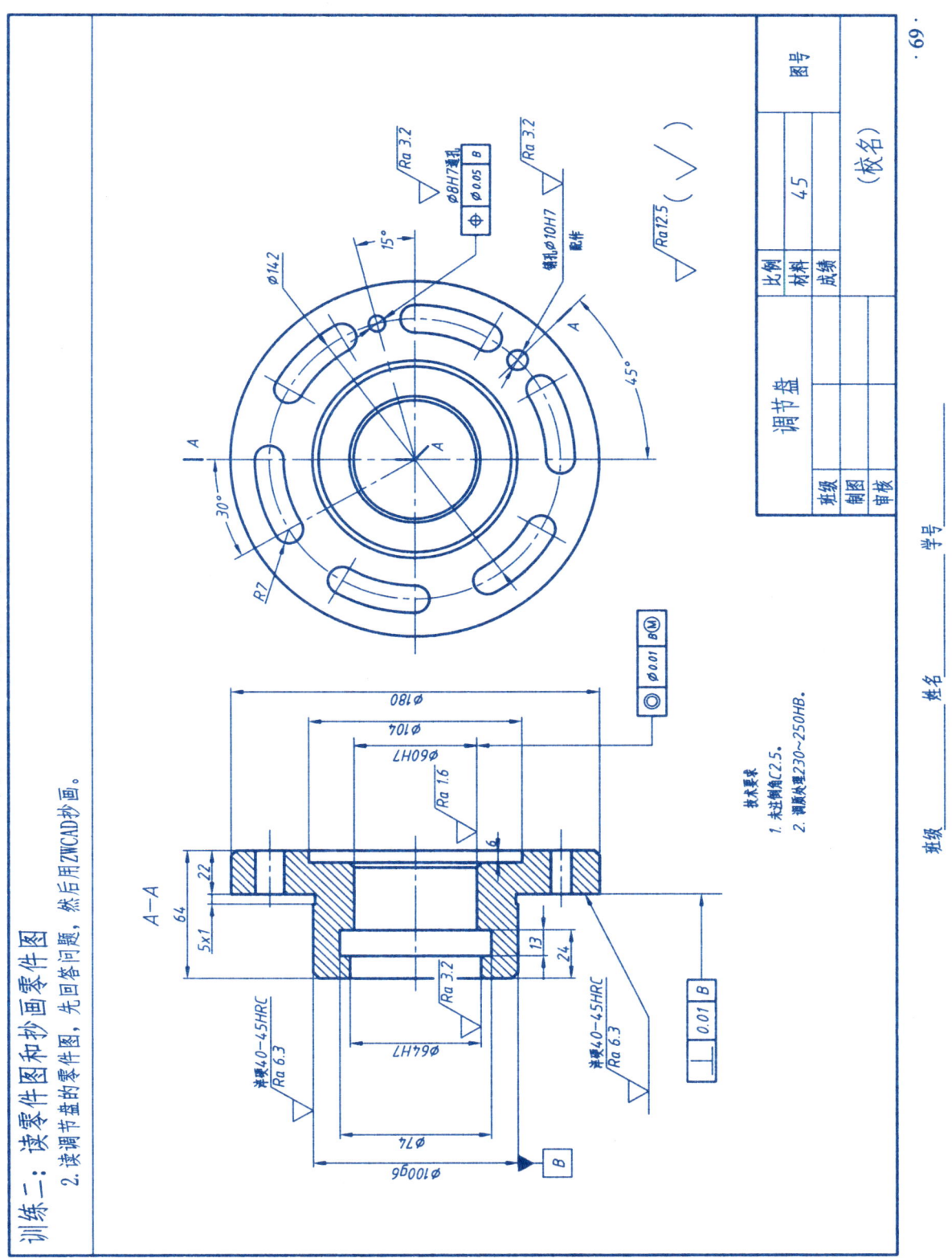

项目八 绘制和识读零件图

训练二：读零件图和抄画零件图（接上页）
2. 读调节盘的零件图，先回答问题，然后用ZWCAD抄画。

(1) 该零件的名称为 _____ ，材料为 _____ ，属于 _____ 类零件。

(2) 该零件采用了 _____ 个图形表达，名称为 _____ 。其中，左边的视图是 _____ 视图，采用 _____ 剖，用的是 _____ 剖切面。

(3) 在图中标出该零件的主要尺寸基准。

(4) 图中 5×1.5 表示 _____ ，1 表示 _____ 。

(5) φ100g6 的基本尺寸为 _____ ，基本偏差代号为 _____ ，公差等级为 _____ ，上偏差为 _____ ，下偏差为 _____ ，其极限尺寸为 _____ 。

(6) 图中锥孔的直径为 _____ ，其基本偏差代号为 _____ ，公差值为 _____ 。

(7) 右边的视图中间有4个圆，尺寸从小到大分别是 _____ 。

(8) ⌖ φ0.05 B 被测要素为 _____ ，基准要素为 _____ ，公差项目为 _____ ，公差值为 _____ 。

(9) ⌖ φ0.01 B Ⓜ 被测要素为 _____ ，基准要素为 _____ ，公差项目为 _____ ，公差值为 _____ 。

(10) 图中表面粗糙度要求最高的表面是 _____ ，其表面粗糙度值为 _____ ，零件右端面的表面粗糙度值为 _____ 。

班级 _____ 姓名 _____ 学号 _____

项目八 绘制和识读零件图

训练二：读零件图和抄画零件图

3. 读踏脚杆的零件图，先回答问题，然后用ZWCAD抄画。

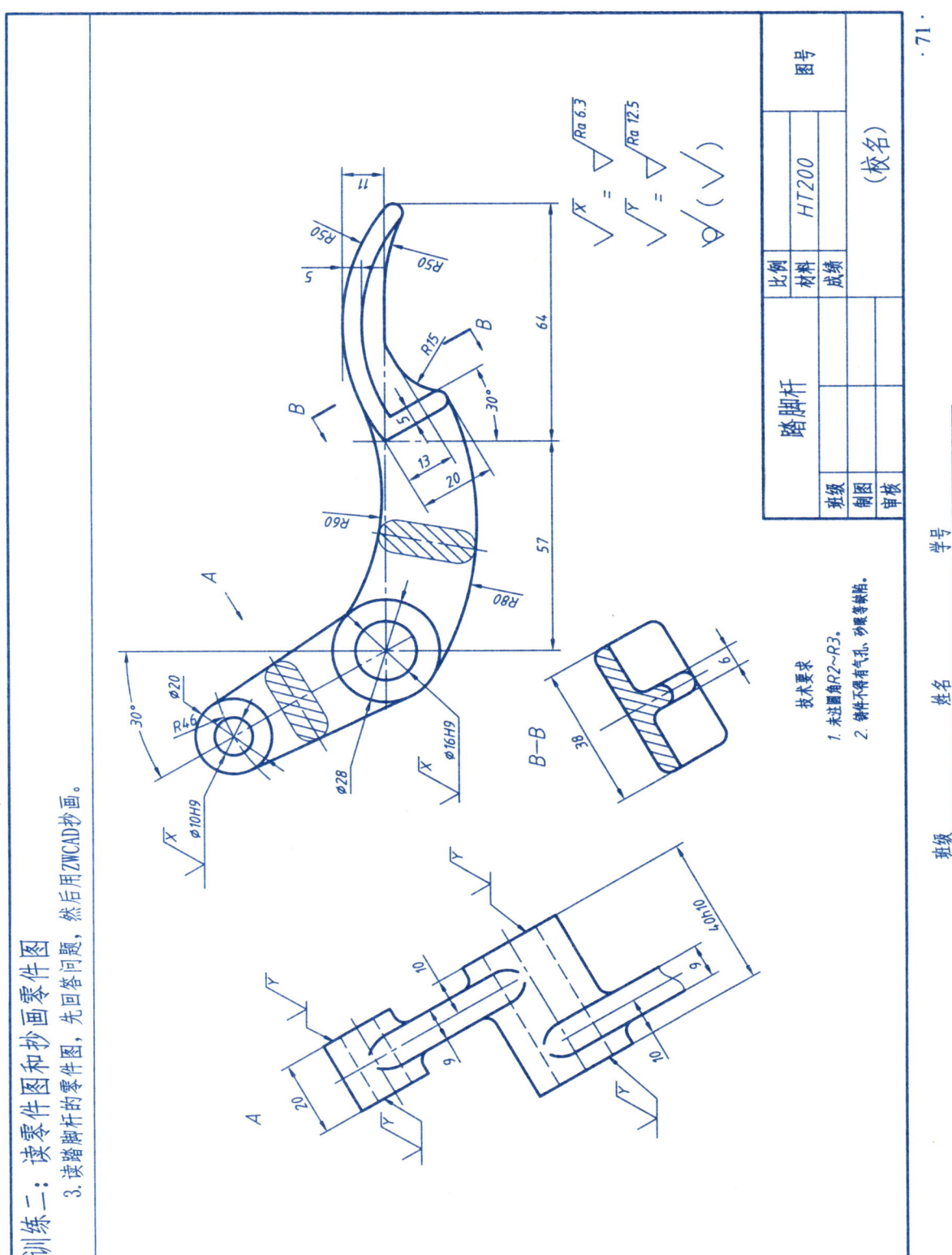

项目八 绘制和识读零件图

训练二：读零件图和抄画零件图（接上页）

3. 读踏脚杆的零件图，先回答问题，然后用ZWCAD抄画。

(1) 该零件的名称为_____，材料为_____，属于_____类零件，它的毛坯是_____成型的。

(2) 该零件采用了主视图_____，一个_____图，两个_____图来表达。

(3) 在图中标出该零件的主要尺寸基准。

(4) 图中φ10H9孔的定位尺寸是_____。

(5) 图中φ16H9的孔的基本尺寸为_____，最大极限尺寸为_____，最小极限尺寸为_____，公差值为_____。

(6) 图中表面粗糙度要求最高的表面是_____，其表面粗糙度值为_____。

(7) 图中√⌐符号的含义是_____。

(8) 右下角∀（√）的含义是_____。

班级_____ 姓名_____ 学号_____

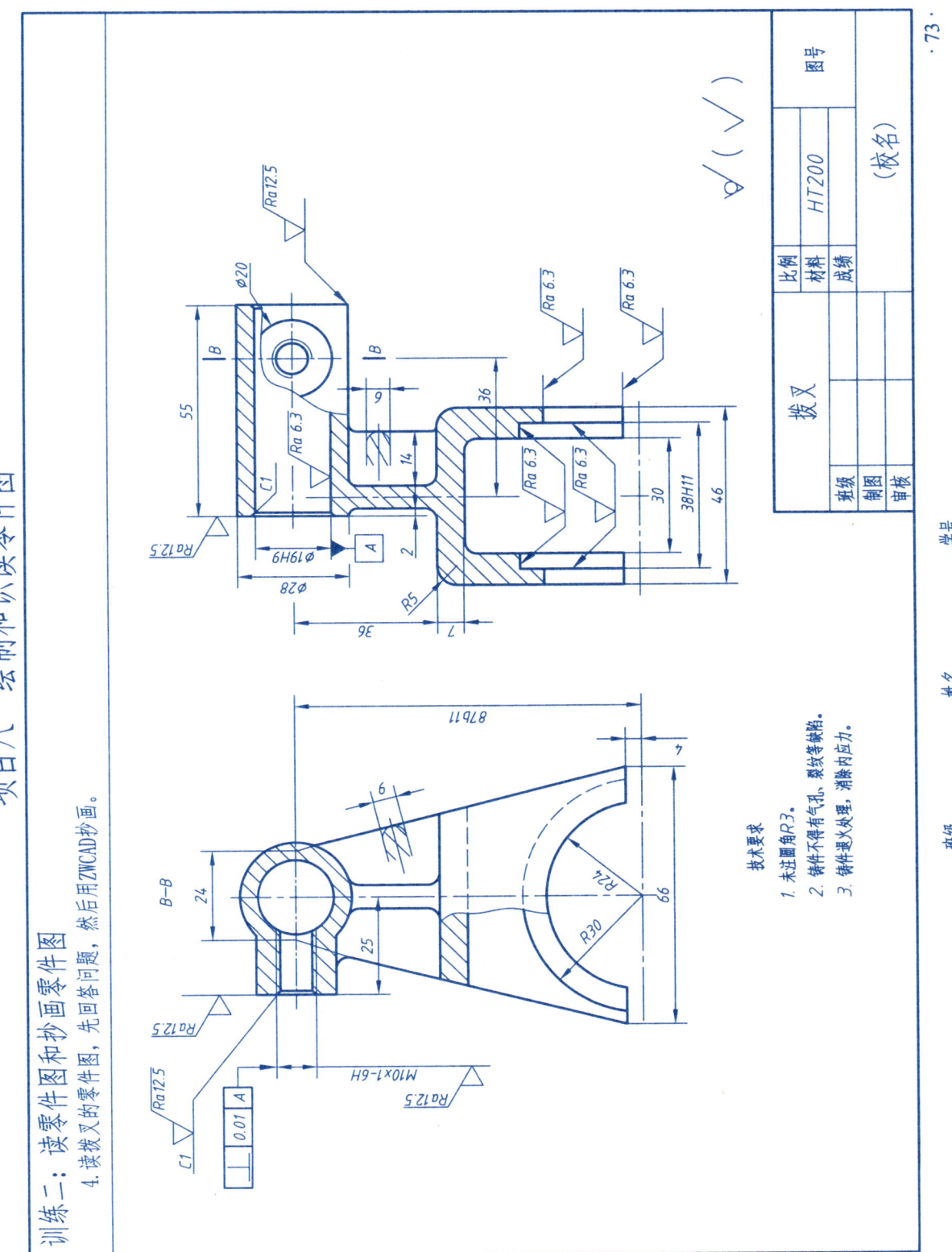

项目八 绘制和识读零件图

训练二：读零件图和抄画零件图（接上页）

4. 读拨叉的零件图，先回答问题，然后用ZWCAD抄画。

(1) 该零件的名称为_____，材料为_____，属于_____类零件，毛坯是_____成型的。

(2) 该零件采用了主视图、左视图_____来表达。其中，主视图采用_____剖和_____剖，左视图采用了_____剖。

(3) 在图中标出该零件长宽高的主要尺寸基准。

(4) 图中肋板的厚度为_____。

(5) 图中C1表示的是_____。

(6) 图中M10×1-6H的含义：M表示_____，它的基本形状为_____，1表示_____，6H表示_____，肋板的表面粗糙度值为_____。

(7) M10×1-6H的孔的定位尺寸是_____。

(8) 形位公差 ⌖ | 0.01 | A 的含义是_____，被测要素为_____；基准要素为_____，公差值为_____。

(9) φ19H9孔的表面粗糙度值为_____，公差项目为_____。

(10) 图中表面粗糙度要求最高的表面是_____，其表面粗糙度值为_____。

班级_____ 姓名_____ 学号_____

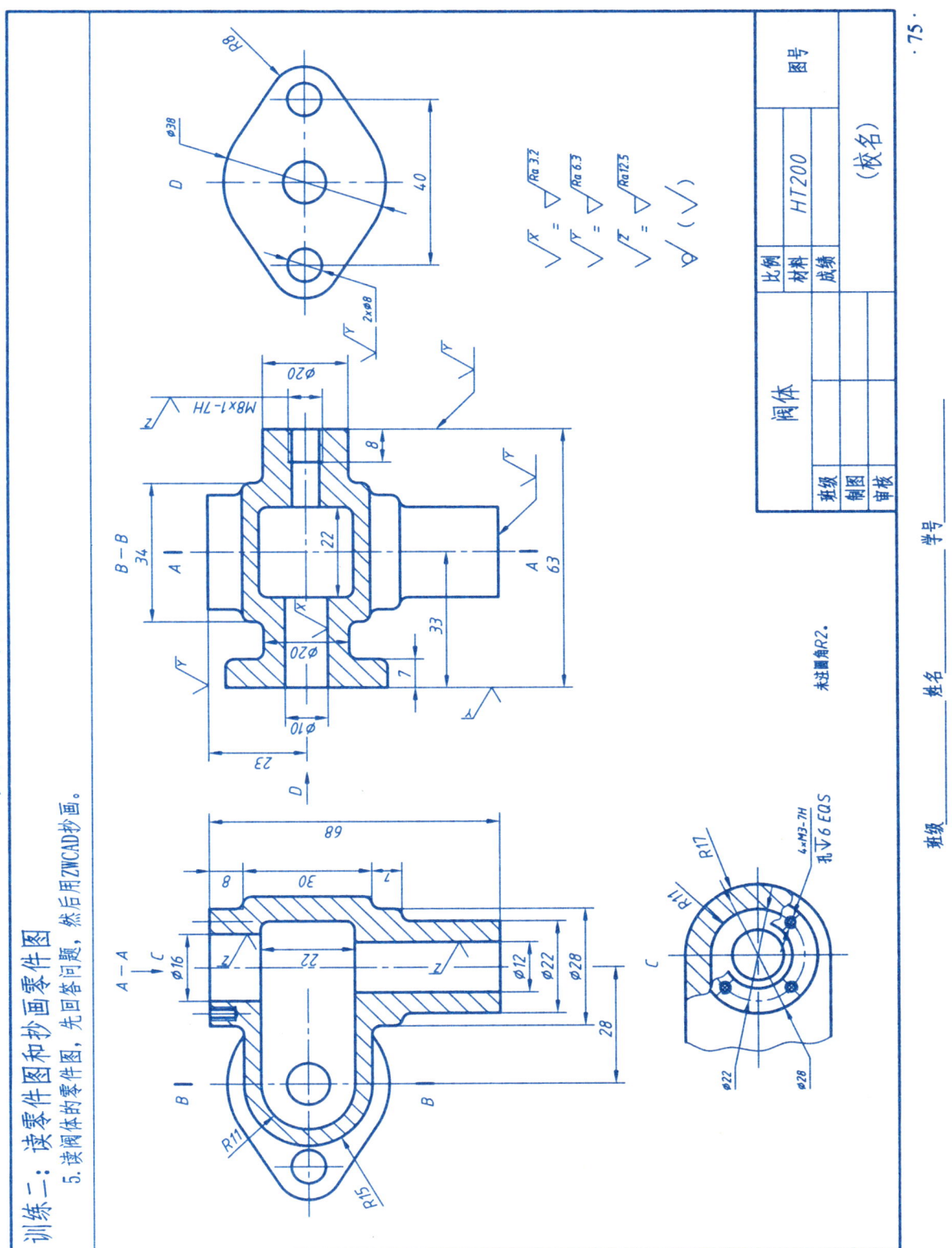

项目八 绘制和识读零件图

训练二：读零件图和抄画零件图（接上页）

5. 读阀体的零件图，先回答问题，然后用ZWCAD抄画。

(1) 该零件的名称为_____，材料为_____，属于_____类零件，毛坯是_____成型的。

(2) 该零件采用了_____个图形表达，名称为主视图、左视图_____，其中主视图和左视图采用_____剖，C向视图采用了_____剖。

(3) 在图中标出该零件长宽高的主要尺寸基准。

(4) 图中4×M3-7H 孔↧6 EQS, 4表示_____, M3表示_____, 孔↧6表示_____, EQS表示_____。

(5) 主视图的小圆孔的直径从左到右分别为_____，_____，_____。

(6) 图中2×ϕ8的孔的定位尺寸为_____。

(7) 图中表面粗糙度要求最高的表面是_____，其表面粗糙度值为_____。

(8) 图中右下角 $\sqrt{}$（$\sqrt{}$）的含义是_____。

班级_____ 姓名_____ 学号_____

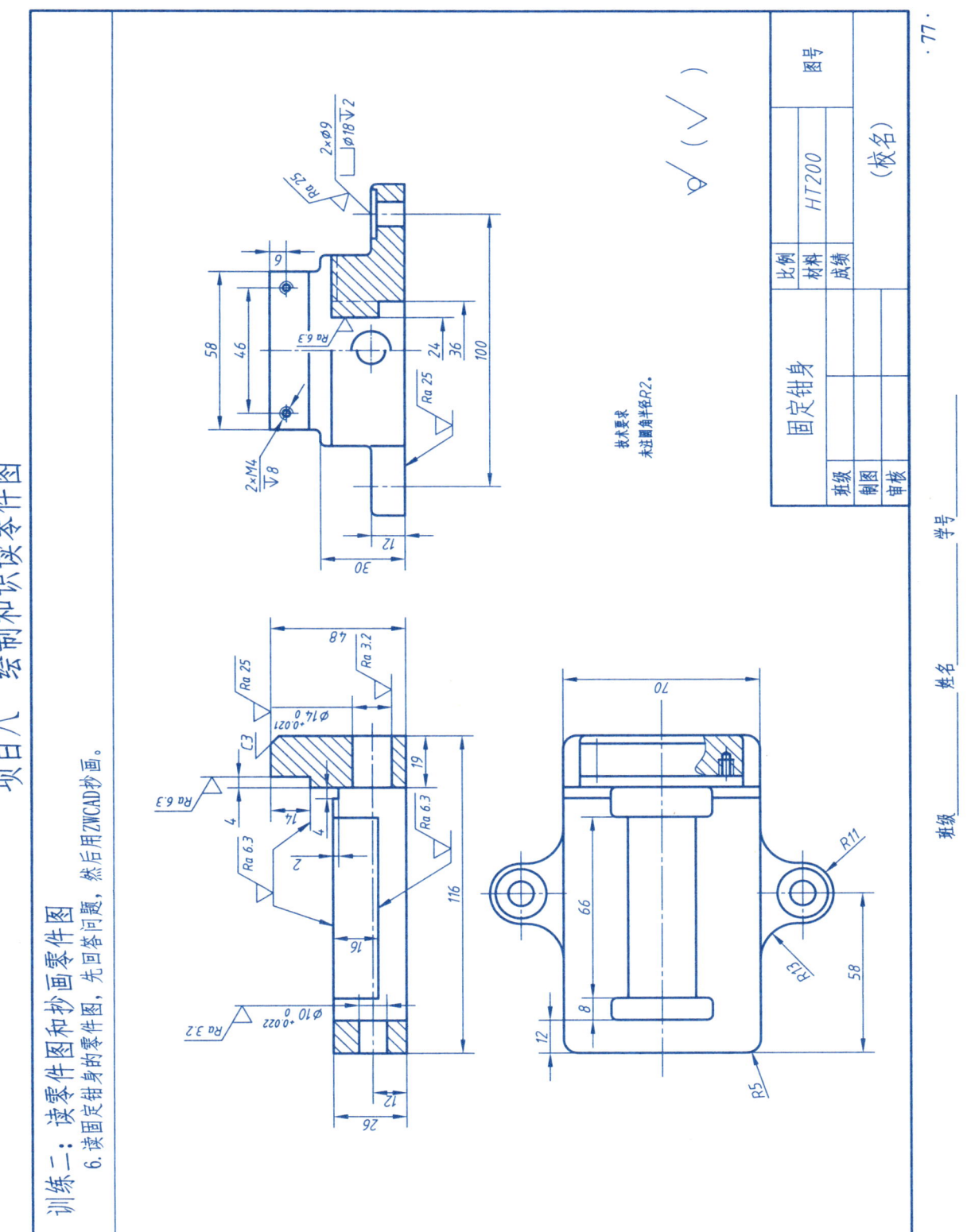

项目八 绘制和识读零件图

训练二：读零件图和抄画零件图（接上页）

6. 读固定钳身的零件图，先回答问题，然后用ZWCAD抄画。

(1) 该零件的名称为_____，材料为_____，属于_____类零件，毛坯是_____成型的。

(2) 该零件采用了_____个图形来表达，名称为_____，其分别采用了_____、_____、_____。

(3) 在图中标出该零件长宽高的主要尺寸基准。

(4) $\phi 14^{+0.021}_{0}$ 基本尺寸为_____，最大极限尺寸为_____，最小极限尺寸为_____，公差值为_____。

(5) $\phi 14^{+0.021}_{0}$ 孔的定位尺寸为_____，其表面粗糙度为_____。

(6) 图中 $2 \times \phi 9 \sqcup \phi 18 \triangledown 2$ 的含义：$2 \times \phi 9$ 表示_____，$\sqcup \phi 18$ 表示_____，$\triangledown 2$ 表示_____。

(7) 图中表面粗糙度要求最高的表面是_____，其表面粗糙度值为_____。

(8) 零件的左端面的表面粗糙度公差值为_____。

班级_____ 姓名_____ 学号_____

项目九 绘制和识读装配图

训练一：由零件图组画装配图

读柱塞泵的零件图和装配示意图，组画柱塞泵的装配图。

(1) 作业目的。

熟悉和掌握装配图的内容及装配图表达方法。

(2) 作业内容和要求。

① 依据柱塞泵的装配示意图（见下页），弄懂柱塞泵的工作的原理。

② 仔细阅读柱塞泵的零件图，想象各零件的形状，然后想象出整个装配体的形状。

③ 选择柱塞泵的合理表达方案，将柱塞泵的工作原理和装配关系表达清楚。

④ 参照装配示意图，拼画出柱塞泵的装配图。

⑤ 画图比例，图纸幅面等自己确定。

(3) 注意事项。

① 绘图时注意先留出标题栏和明细栏的位置，然后根据所选的表达方法，画好作图基准线。

② 一定要弄清楚柱塞泵的工作原理及各零件连接关系，如哪些零件是螺纹连接，哪些零件是配合的，哪些是接触面，哪些是非接触面留有间隙的，等等。

③ 标准件按照国家标准规定的近似比例画法来画。

④ 应注意相邻零件的剖面线方向不同或间隔不等。

⑤ 件6与7采用H7/h6，件7分别采用F8/h7及E8/h7配合，其技术要求参考同类系的有关资料合理制订出来。

⑥ 编好零件序号，并填好明细栏和标题栏。

班级＿＿＿＿ 姓名＿＿＿＿ 学号＿＿＿＿

项目九 绘制和识读装配图

训练一：由零件图组画装配图（接上页）

读柱塞泵的零件图和装配示意图，组画柱塞泵的装配图。

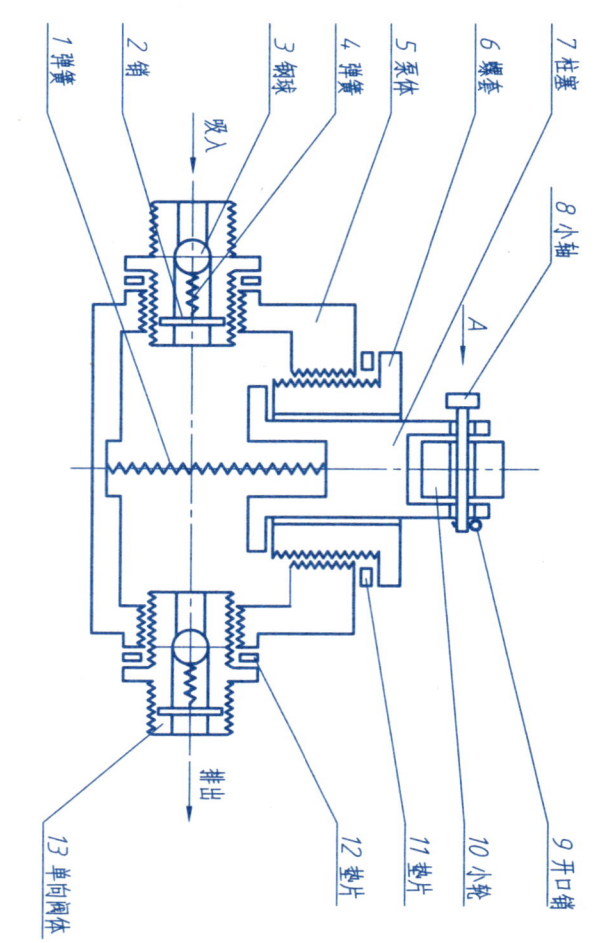

1 弹簧　2 销　3 钢珠　4 弹簧　5 泵体　6 螺套　7 柱塞　8 小轴　9 开口销　10 小轮　11 垫片　12 垫片　13 单向阀体

柱塞泵的装配示意图

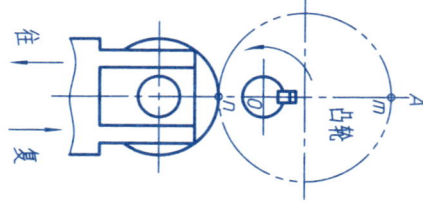

柱塞泵的工作原理图

当凸轮旋转时，使柱塞7上下运动，并引起泵容积变化。当凸轮上的 m 点转至图示位置时，弹簧的作用使柱塞7运动至最高位置，此时，泵腔容积最大而压力减少，油池中的油在大气压力下流进输油管，并将吸油螺套中的单向阀门打开，在这段时间内，出油螺套中的单向阀关闭，在达时油螺套中的单向阀关闭，在凸轮半圆的过程中，压力油逐渐升高，泵腔容积逐渐减小而压力油逐渐升高，排油螺套中油压经输油管送至各使用部位。凸轮连续旋转，则柱塞7就不断做往复运动，从而将油不断吸进和压出。

班级　　　　姓名　　　　学号

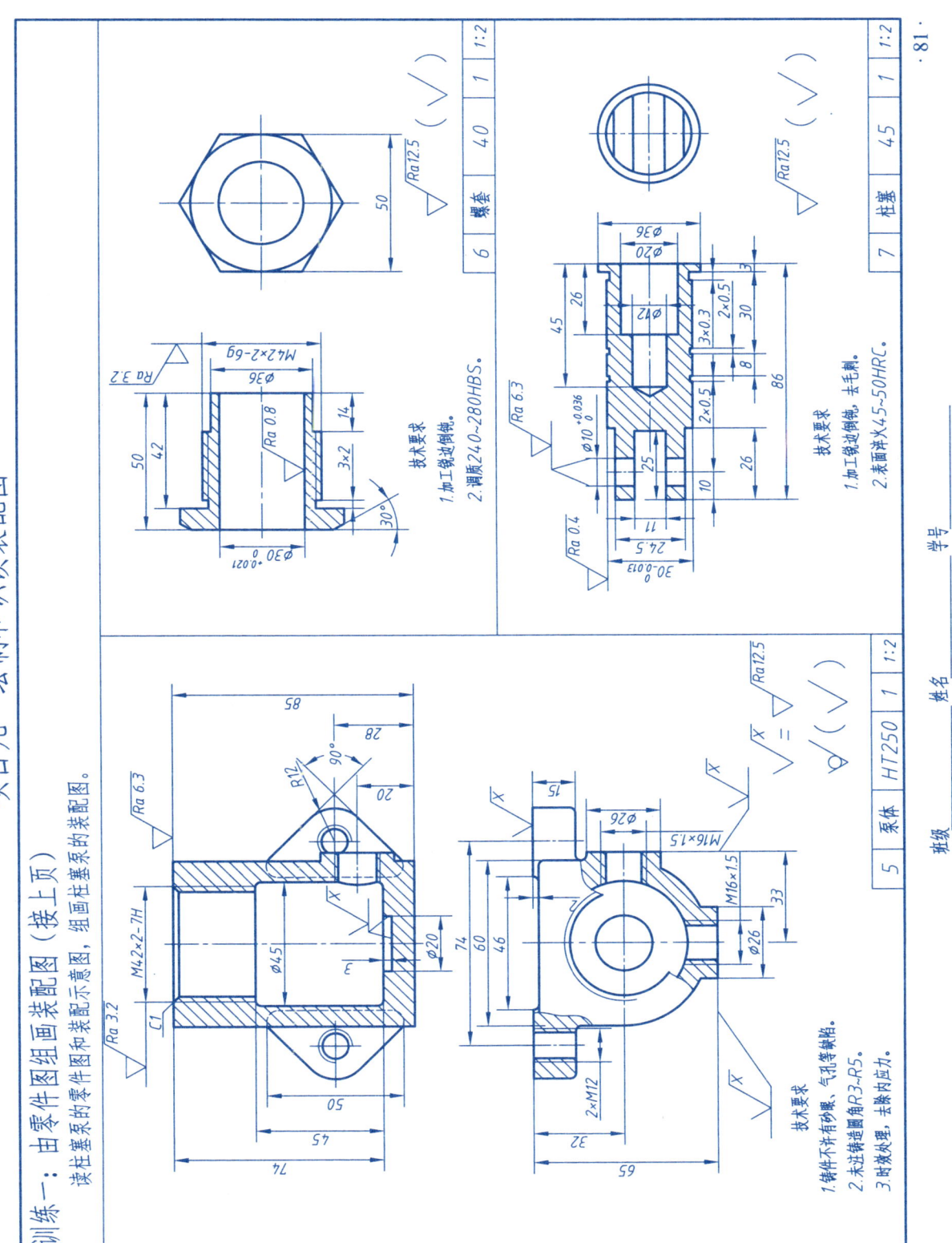

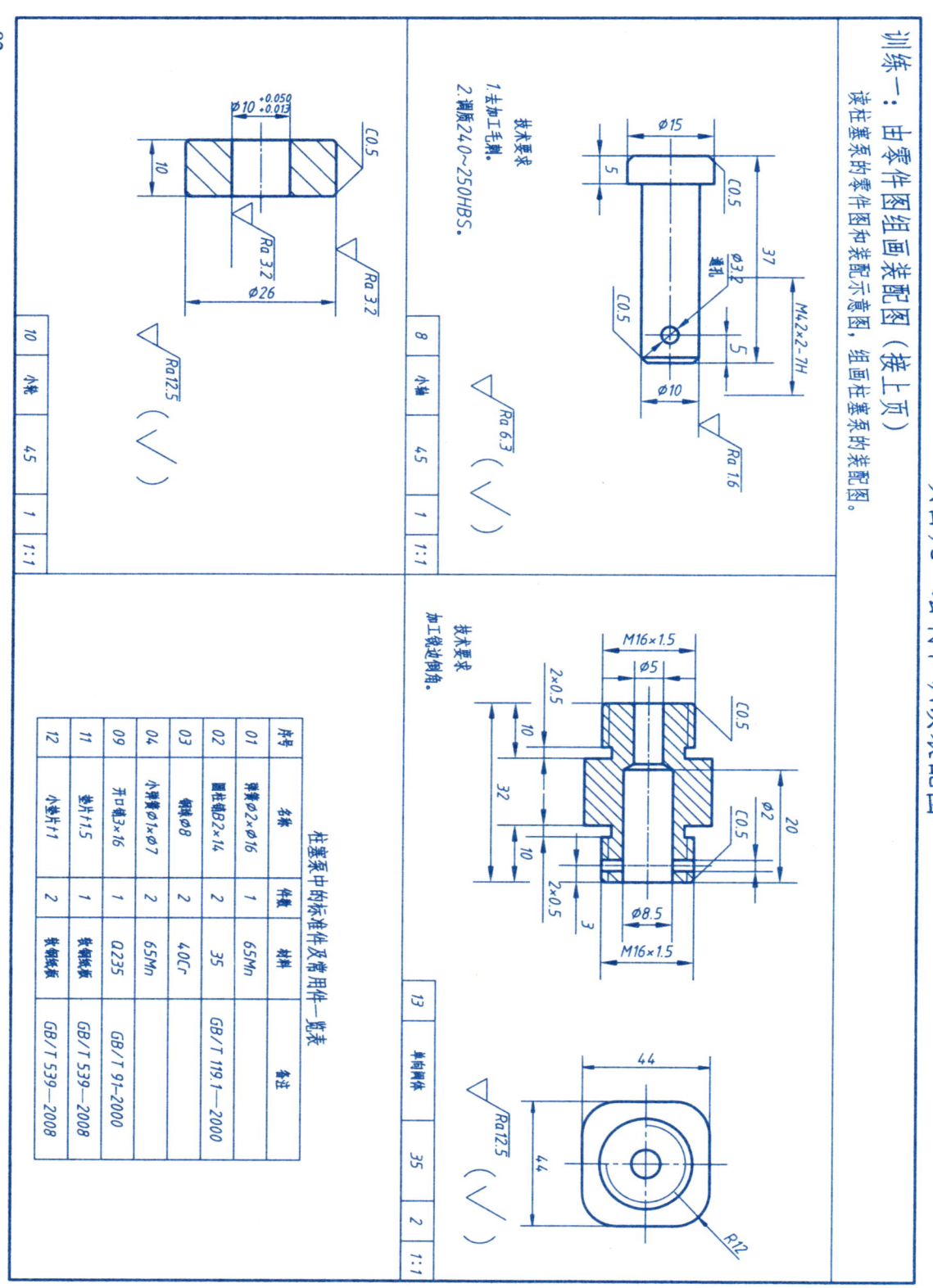

项目九 绘制和识读装配图

训练二：读装配图

读圆钻模的装配图，并回答问题。

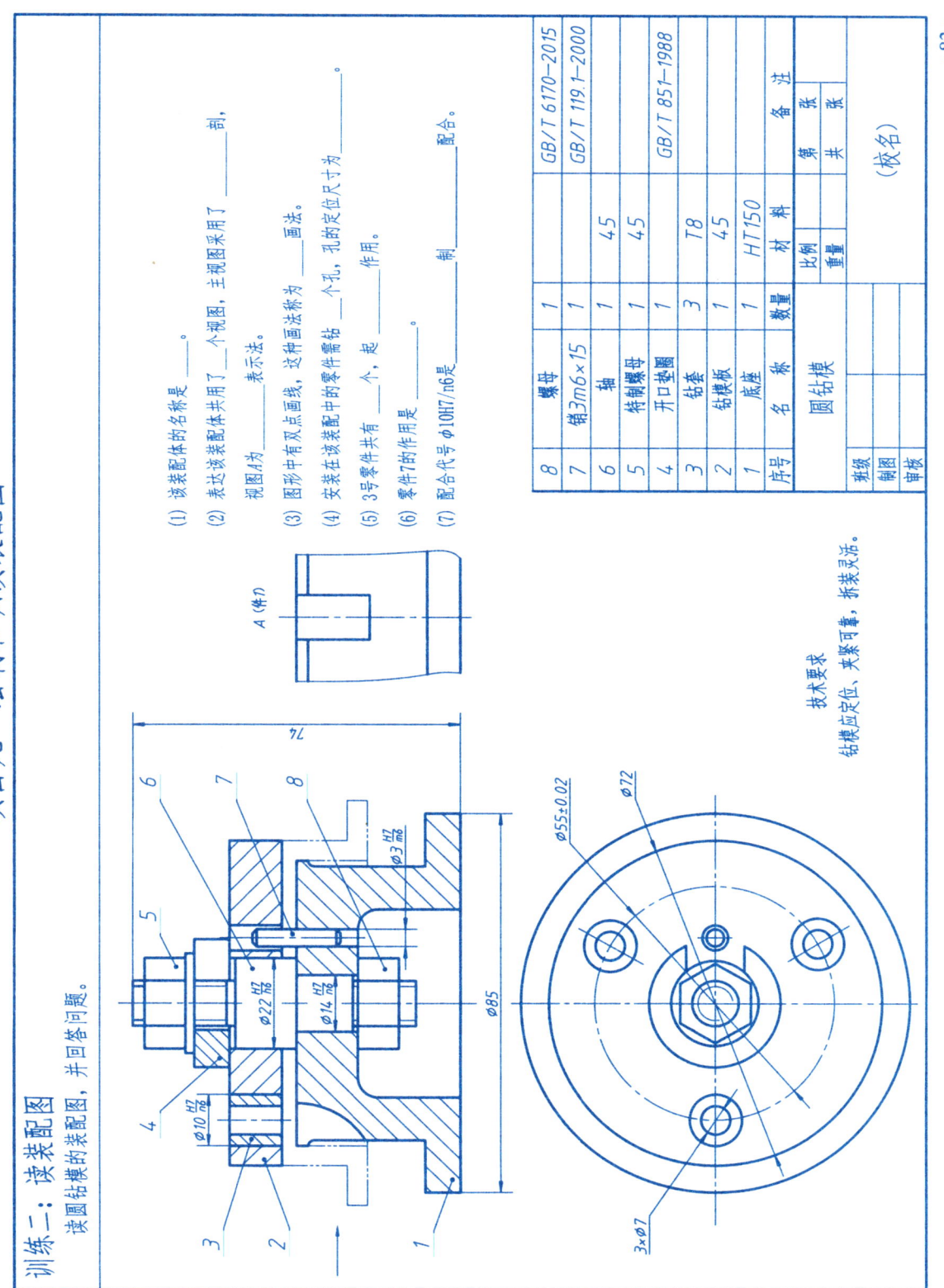

(1) 该装配体的名称是 _____。

(2) 表达该装配体共用了 _____ 个视图，主视图采用了 _____ 剖，_____ 视图A为 _____ 表示法。

(3) 图形中有双点画线，这种画法称为 _____ 画法。

(4) 安装在该装配中的零件需钻 _____ 个孔，孔的定位尺寸为 _____。

(5) 3号零件共有 _____ 个，起 _____ 作用。

(6) 零件7的作用是 _____。

(7) 配合代号 φ10H7/n6 是 _____ 制 _____ 配合。

8	螺母	1		GB/T 6170—2015
7	销3m6×15	1		GB/T 119.1—2000
6	轴	1	45	
5	特制螺母	1	45	
4	开口垫圈	1	T8	GB/T 851—1988
3	钻套	3	45	
2	钻模板	1		
1	底座	1	HT150	
序号	名 称	数量	材 料	备注

圆钻模　　比例　　　第　张
　　　　　　重量　　　共　张

技术要求
钻模应定位，夹紧可靠，拆装灵活。

班级　　　制图　　　（校名）
姓名　　　审核
学号

项目九 绘制和识读装配图

训练三：读装配图并拆画零件图

1. 读滑轮座的装配图，回答问题，然后打开文件"滑轮座.dwg"，拆画座体(1)的零件图。

(1) 该装配体的名称是 _____。

(2) 表达该装配体共用了 _____ 个视图，主视图采用了 _____ 剖。

(3) 图形中有双细点画线，表示的是 _____，这种画法称为 _____ 画法。

(4) 零件5的作用是 _____。

(5) 3号零件共有 _____ 个，起 _____ 作用。

(6) 轴与滑轮的配合代号是 _____，是 _____ 配合。

5	螺钉M8×30	1		GB/T 70.1—2008
4	滑轮	1	HT150	
3	卡环	3	Mn65	
2	轴	1	45	
1	座体	1	HT150	
序号	名称	数量	材料	备注

滑轮座		比例	1:2	第 张 共 张
		重量		
班级				(校名)
制图				
审核				

班级 _____ 姓名 _____ 学号 _____

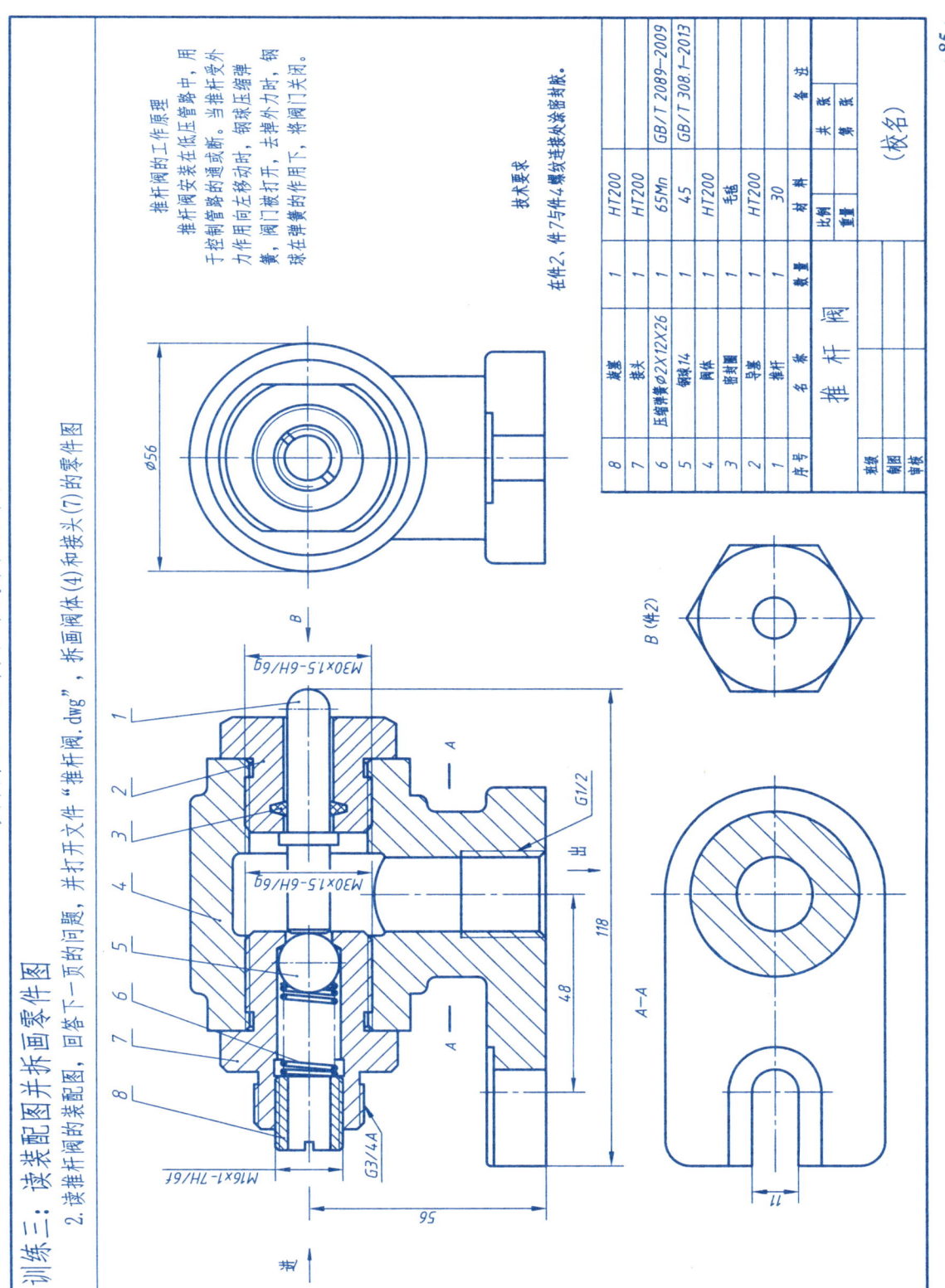

项目九 绘制和识读装配图

训练三：读装配图并拆画零件图

3. 读上一页推杆阀的装配图，回答下面的问题。

(1) 该装配体的名称为_____，是由_____种零件组成的。

(2) 该装配体采用了_____个图形来表达，名称为_____，其中，_____视图采用了_____剖，_____视图采用了_____剖。

(3) G3/4A的含义：G表示_____，3/4表示_____，A表示_____。

(4) G3/4A是_____尺寸，118是_____尺寸，M30×1.5-6H/6g是_____尺寸。

(5) 零件3的作用是_____，零件8的作用是_____。

(6) 写出图中有外螺纹的零件名称：_____。

(7) 写出图中有内螺纹的零件名称：_____。

(8) 这些零件是通过螺纹连接到一起的：旋塞与接头、_____。

班级_____ 姓名_____ 学号_____

项目九 绘制和识读装配图

训练三：读装配图并拆画零件图

4. 读蝴蝶阀的装配图，回答下一页的问题，并打开文件"蝴蝶阀.dwg"，拆画阀体(1)和阀杆(3)的零件图。

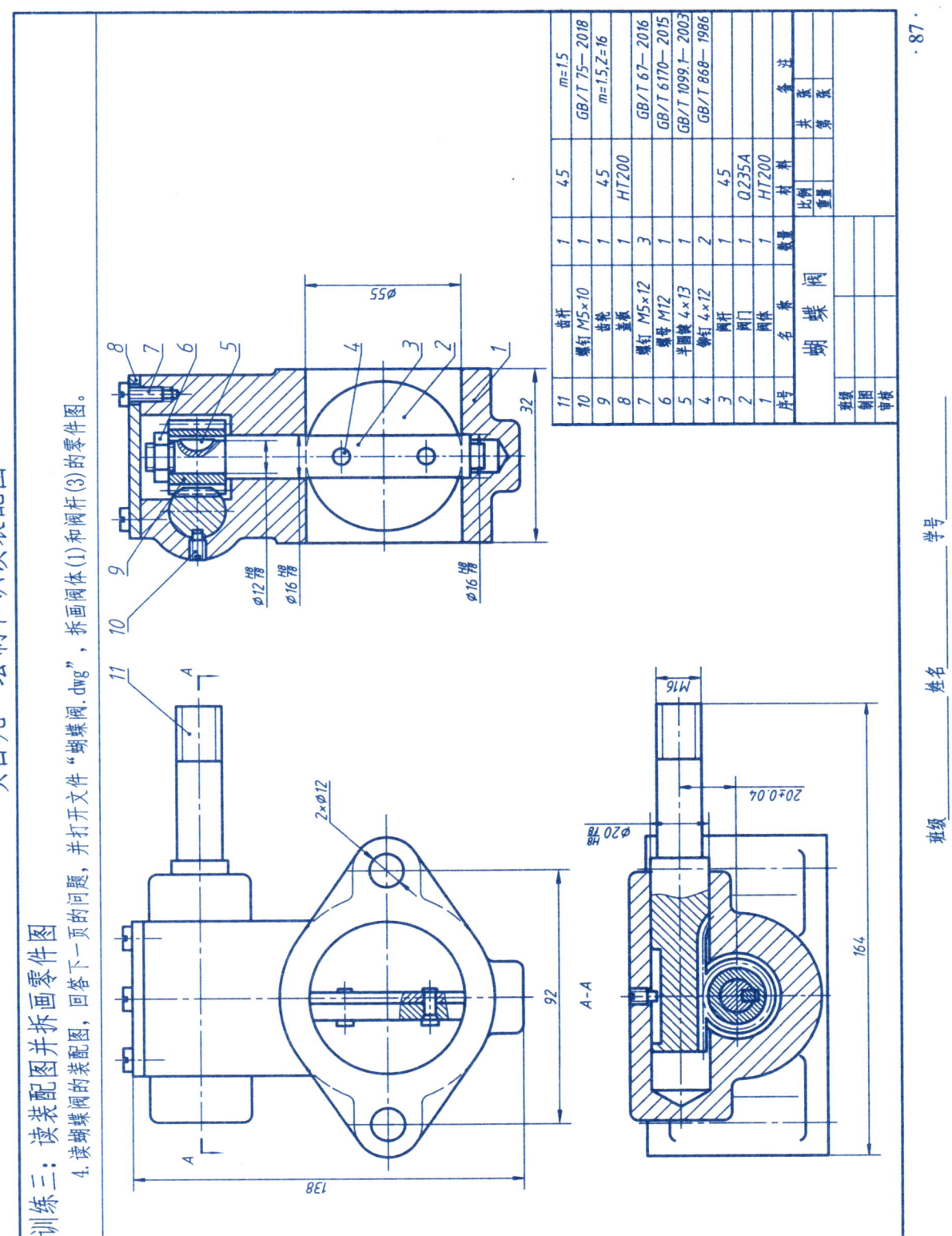

项目九 绘制和识读装配图

训练三：读装配图并拆画零件图

5. 读上一页蝴蝶阀的装配图，回答下面的问题。

(1) 蝴蝶阀是由_____种零件组成的，其中有_____种标准件。

(2) 该装配体采用了_____个图形来表达，名称为_____视图采用了_____剖，_____视图采用了_____，其中，_____视图采用了_____剖。

(3) φ12H8/f8是_____和_____的配合代号，是_____制_____配合。

(4) 零件2与零件3是靠_____连接在一起的。

(5) 此装配图的性能规格尺寸是_____，2×φ12和92是_____尺寸。

(6) 零件11只能_____动，零件10的作用是_____。

(7) 零件5的作用是_____。

(8) 在图示状态下，该蝴蝶阀是_____（打开或关闭）状态。如果要控制该阀的流量，应_____。

班级_____ 姓名_____ 学号_____

参考文献

[1] 赵大兴, 尹杰, 高成慧. 现代工程制图学习题集[M]. 6 版. 武汉: 湖北科学技术出版社, 2009.
[2] 陈意平, 任仲伟, 朱颜. 机械制图习题集[M]. 沈阳: 东北大学出版社, 2013.
[3] 丁一, 梁宁. 机械制图习题集[M]. 2 版. 重庆: 重庆大学出版社, 2017.
[4] 杨裕根, 李兵. 画法几何及机械制图习题集[M]. 北京: 北京邮电大学出版社, 2016.